2020中国VR产业发展和消费者调查报告

刘茜　张洪忠◎编著

新　华　出　版　社

图书在版编目（CIP）数据

2020中国VR产业发展和消费者调查报告 / 刘茜，张洪忠编著.
—北京：新华出版社，2020.10

ISBN 978-7-5166-5441-5

Ⅰ. ①2… Ⅱ. ①刘… ②张… Ⅲ. ①虚拟现实－产业发展－研究报告－中国－2020 Ⅳ. ①F492

中国版本图书馆CIP数据核字（2020）第204237号

2020中国VR产业发展和消费者调查报告

作　　者： 刘　茜　张洪忠

责任编辑： 蒋小云　　**封面设计：** 李尘工作室

出版发行： 新华出版社
地　　址： 北京市石景山区京原路 8 号　　**邮　　编：** 100040
网　　址： http：//www.xinhuapub.com
经　　销： 新华书店
新华出版社天猫旗舰店、京东旗舰店及各大网店
购书热线： 010-63077122　　**中国新闻书店购书热线：** 010-63072012

照　　排： 李尘工作室
印　　刷： 北京卓诚恒信彩色印刷有限公司
成品尺寸： 160mm × 230mm
印　　张： 15　　**字　　数：** 210千字
版　　次： 2020年11月第一版　　**印　　次：** 2020年11月第一次印刷
书　　号： ISBN　978-7-5166-5441-5
定　　价： 48.00元

课题组成员

课题组组长：刘　茜　张洪忠

课题组成员：（排名不分先后）

刘子维　李雨浓　王童宁　汤清扬

武沛颍　杨娃妮

前言

PREFACE

关于虚拟现实（VR），今年最令人动容和印象深刻的新闻之一，莫过于韩国MBC Documentary频道播出的电视节目《遇见你》。节目组通过VR技术，还原了一位韩国妈妈已离世的女儿的形象，让妈妈戴上VR头盔，在虚拟世界里重新见到女儿并和女儿互动，从而实现了再见女儿一次的愿望。这则新闻引起了广泛的关注，也让很多不甚了解VR技术的人看到了技术的曙光。在虚拟现实的世界里，我们可以见到本不可能见到的人，也可以实现看似实现不了的梦想。事实上，在医疗、教育、游戏、动画、影视等诸多行业，VR技术的探索和应用早已经不是一个新鲜的话题。

本书是北京师范大学新闻传播学院策划的“中国VR产业发展与消费者调查报告”系列中的第二本。我们本着公正、客观、实事求是的态度，探究了过去一年里中国VR行业的发展和变化。今年的报告和《2018中国VR产业发展和消费者调查报告》略有不同；《2018中国VR产业发展和消费者调查报告》分为四个部分：产业报告（第一部分）、消费者调查报告（第二部分）、专家访谈（第三部分）和理论前沿（第四部分）；《2020中国VR产业发展和消费者调查报告》同样包含四个部分：产业发展报告（第一部分）、消费者调查报告（第二部分）、从业者调查报告（第三部分）和理论前沿（第四部分）。之所以出现这样的改变，一来从客观上来说，我们的采访和VR企业案例调研工作的确受到了疫情的影响，二来也是希望报告系列每年会有一些重点和侧重。明年的报告，我们计划走访并收集来自国内外VR技术应用的前沿案例，用最具体和直观的案例形式以飨读者。

此外，在这里，我要感谢我们所有的课题组成员。张洪忠教授是我们这个系列报告的灵魂人物，也是这份报告的发起人。张老师是新媒体研究的专家，也是致力于新媒体科技产学研融合发展的开拓者。他自2016年起就开始在北京师范大学新闻传播学院组织“VR高校工作坊”，惠及国内外百余所高校的老师和学生；并从2016年开始举办“中国VR AR MR创作大赛”，至今已举办4届，被誉为中国VR届的奥斯卡。2017年我加入北师新传之后，沿着之前做人机交互研究以及拍摄纪录片的工作，顺其成章也恰如其分地步入了VR相关的教学和研究工作中。最后，我要感谢北师新传数位优秀、踏实和勤奋的学生科研助理对本书的贡献，她们分别是刘子维、李雨浓、杨娃妮（第一部分），王童宁、汤清扬（第二部分），武沛颖（第三部分）。

面对这场突然起来的疫情，几乎全球都在面临“社交隔离”。此时此刻，面对虚拟现实技术的发展前景，已经不是质疑其技术及应用能力，而是发乎于内心的需求：VR社交，离我们究竟还有多远？

刘　茜

2020年4月26日

目录

CONTENTS

第一部分 2020中国VR产业发展报告

第四部分　VR虚拟现实技术的应用、发展和研究

第一部分

2020中国VR产业发展报告

第一章 研究概述：研究背景、研究目的和研究方法

第一节 研究背景及目的

VR（Virtual Reality）技术也就是虚拟现实技术，是一种可以创建和体验虚拟世界的计算机仿真系统。它利用计算机生成、再创一种虚拟的环境，使用户获得相应的视觉、听觉、触觉等感官的沉浸，带来真实的感官体验，是一种多源信息融合的、交互式的三维动态视景和实体行为的系统仿真，强调将用户和现实环境完全隔离的“完全沉浸”。2016年被称作“VR发展元年”，虚拟现实如同资本市场与消费市场的一匹黑马，吸引大量投资，消费级应用产品频出，产业价值备受关注。如今，经过多年酝酿与变革，VR产业也逐渐步入发展冷静期，在迎接发展机遇的同时也反映着一些问题。

虚拟现实技术的发展正面临着挑战与机遇并存的两重性。本调查组从我国虚拟现实产业的现状出发，从我国VR市场规模、VR用户现状、VR产业细分、融合发展状况、中外VR产业发展对比、VR体验店地域发展等方面呈现截至2019年的VR产业发展报告，探讨VR产业的未来发展形态，旨在帮助读者了解2016—2019年中国VR产业的发展状况，把握中国VR产业的发展脉搏。

第二节　研究方法及数据来源

现阶段的VR产业缺乏详尽细致的一手数据，为了更加全面呈现我国2016–2019年VR产业的发展状况及同期全球水平，本调查组进行了不同程度的数据资料调研。一方面，在收集海量研究报告的基础上进行梳理、综述；另一方面，通过大数据等手段对网络数据进行客观的抓取、整理，旨在多方面还原我国虚拟现实产业的前进地图与发展脉络。

第二至第四章将通过对不同组织发布的产业报告进行梳理总结，全方位、多角度地展示中国VR产业现状，第五章将就中国VR体验店地域发展比较进行阐述。

第二章

中国VR市场发展报告（2016–2019）

随着前沿技术的快速发展和普及，虚拟现实、人工智能机器人等产品层出不穷，渐渐融入人们的生活，为更多人所接受，“虚拟现实”技术在我国已经超脱了概念化的理解，伴随着科技和产业生态的持续进步而逐渐纵深发展。目前，中国虚拟现实仍处于发展的初级阶段，市场规模、用户规模均且处在较小的水平，但市场规模增速极为乐观。由于当前许多中下游的应用领域尚未完全打开市场，预计未来几年将继续处于高速增长时期。

第一节　中国VR产业市场发展概况（2016–2019）

全球VR产业经历了2016年前的前期爆发式增长、2016年至2018年中期调整沉浮后，于2019年进入初期成熟阶段，迎来了技术储备成熟、产业链完善、用户应用发展全面的最佳时机。中国虚拟现实产业发展势头强劲，在全球虚拟现实领域占有重要地位，中国VR产业的市场规模能够在一定程度上反映整体发展趋势。本调查组选取了赛迪智库、中国电子信息产业发展研究院等多方面数据，对我国VR产业发展概况、产业创新进展、投融资规模、融合创新等方面做出描述和预测。

一、中国VR市场总体规模

1. 投资降温，VR市场规模持续扩大

图1　2016-2020年中国虚拟现实行业市场规模统计及增长情况预测

（数据来源：前瞻产业研究院整理）①

处于初期发展阶段的中国VR产业市场规模虽仍处于较低水平，但是市场规模增速极快，我国VR产业即将进入生产高峰期，未来市场发展空间广阔。从产业成熟度曲线来看，目前VR产业已走出低谷期，正处于稳步爬升光明期，有望在未来三年内进入生产的高峰期。根据iResearch前瞻产业研究院，2018—2019年我国虚拟现实行业的市场规模从261.6亿元增长至398.4亿元，增速为52%，低于上一年度的96%，我国虚拟现实市场发展速度回归理性，保持稳定较快的发展速度。

表1　2019-2023年中国虚拟现实市场规模预测

年份	2019年	2020年	2021年	2022年	2023年
市场规模（亿元）	550	900	1600	2700	4300

（数据来源：赛迪智库，2019年9月）②

① 前瞻产业研究院，《2019年中国虚拟现实（VR）行业市场分析》，https://bg.qianzhan.com/report/detail/300/191028-6df40079.html.

② 赛迪智库，《2019年虚拟现实产业发展白皮书》，http://www.docin.com/p-2269167472.html.

根据赛迪智库数据预测，我国虚拟现实产业市场规模到2020年将达到450—550亿元左右，且在随后几年内持续增长，2016-2020年年复合增长率为90.4%，高于全球增速，我国VR市场有较大发展空间。

2. 出货回暖，VR产品呈现复苏增长

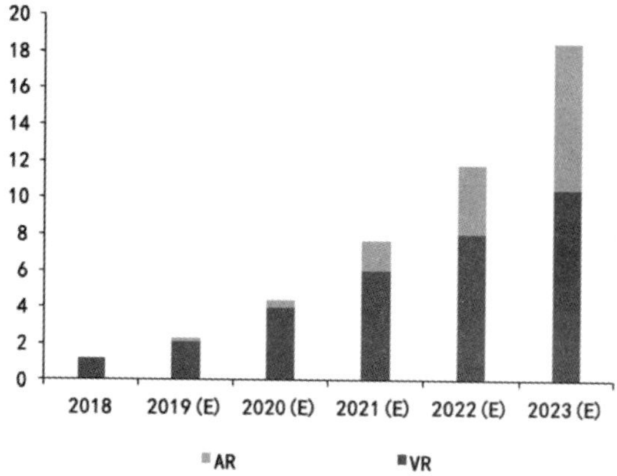

图2　2018-2023年中国AR/VR终端出货增速预测（百万台）

（数据来源：IDC）[1]

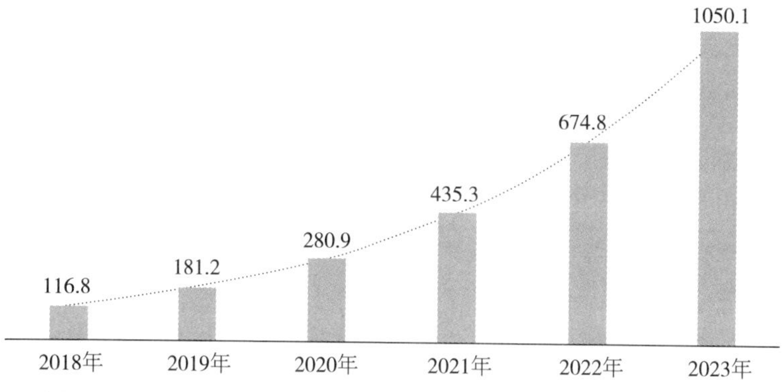

图3　2018-2023年中国VR输出设备出货量及预测（单位：万台）

（数据来源：前瞻产业研究院）[2]

① 《中国虚拟现实（VR）行业市场需求与投资规划分析报告》.

② 前瞻产业研究院，《2019年中国虚拟现实（VR）行业市场分析》，https://bg.qianzhan.com/report/detail/300/191028-6df40079.html.

根据IDC数据，我国虚拟现实行业中VR终端设备出货量将呈加速上升趋势。我国虚拟现实终端出货量在2018年达到116.8万台，其增长速度将在2019年后迎来快速发展阶段，到2023年将突破1050.1万台，未来5年整体市场年复合增长率（CAGR）为69.9%。综合表明我国虚拟现实产业未来发展潜力巨大。同时，AR终端在2019年开始崭露头角。

虚拟现实技术本身依靠头显设备来创造虚拟环境，我国市场头显设备出货量可以从一定程度上反映VR产业市场规模。在中国市场的头显出货方面，越来越低的设备价格与日益丰富的内容正不断引起用户共鸣，2019年VR头显设备出货量呈现出强劲增长的态势。

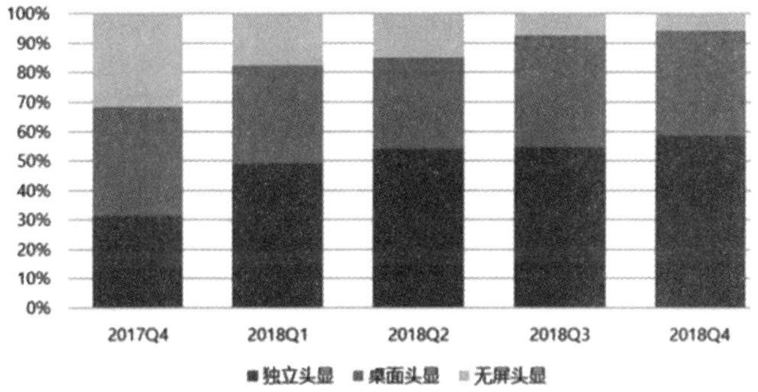

图4　2018年中国VR/AR头显设备市场出货量

（数据来源：IDC）[①]

跟据IDC数据显示，VR/AR头显设备出货量在2018年第三季度恢复增长，2018年第四季度，虚拟现实头显设备出货量达到332万台，环比2017年增长20%，而2019年第一季度，中国市场内头显设备出货量接近27.5万台，同比增长15.1%。预计2023年，整体市场年复合增长率为9.9%，中国VR头显设备出货量有望突破1000万台，虚拟现实设备出货量的增加将带动供应链的持续发展。

① 《中国VR/AR市场季度跟踪报告》https://www.sohu.com/a/304931541_609238.

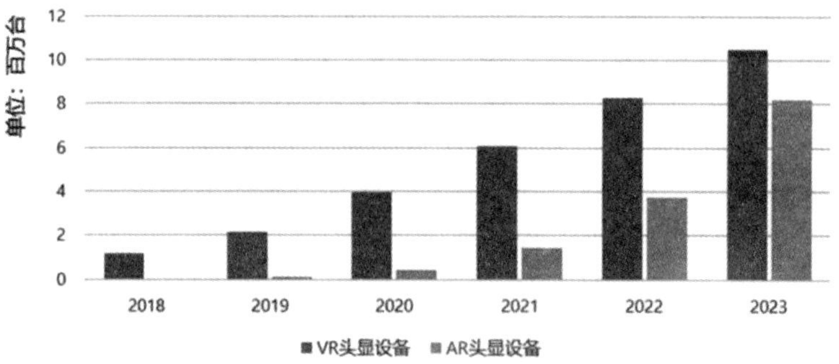

图5　2018-2023年中国VR头显设备出货占比预测

（数据来源：IDC，长城国瑞证券研究所整理）

在主要VR产品出货量方面，早期由于三星和谷歌等厂商实行的头显捆绑和免费赠送等策略，无屏幕头显吸引了消费者大量的注意力。2018年后，随着无屏头显不兼容等问题和其他设备的更新，其出货量出现了大幅度的下降。在设备市场出货量的占比中，从2017年第四季度至2018年第四季度，从多于三成下滑至不足一成。而独立头显和桌面头显设备的比重则不断上升，其中，独立头显的比例略高于桌面头显设备，该转变表明我国VR市场正在进入一个新的成熟阶段，相比于主流VR内容的发展瓶颈，企业倾向推出专注于建立更具可持续性发展性的业务。

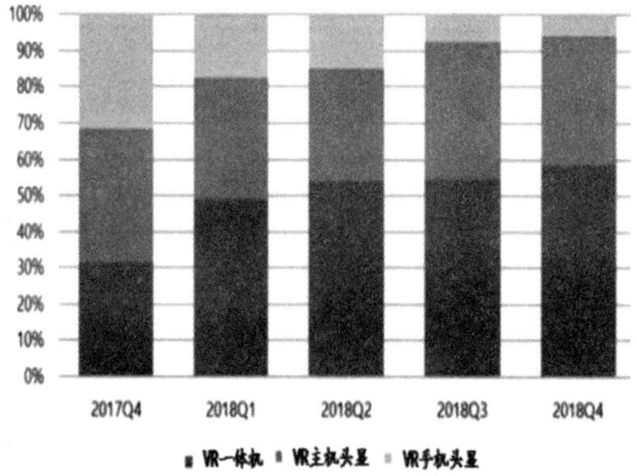

图6　2018年中国VR设备形态分布

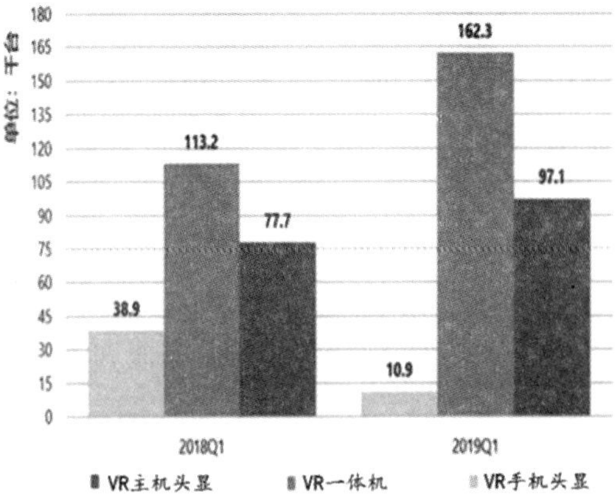

图7　2019年Q1我国各形态VR设备出货量

（图6&7数据来源：IDC，长城国瑞证券研究所整理）①

随着市场需求的发展，高质量的无线内容成为虚拟现实市场发展的迫切需求，对头显设备的便利性和沉浸感要求因此不断升高，VR一体机在操作上的便捷和沉浸感营造方面的优势能够为虚拟现实技术的大规模普及提供关键驱动力。因此，第三类头显——VR一体机在2018年开始逐渐占据更大的市场份额，正迅速改变市场格局。2018年，VR一体机一举超过VR主机头显以及VR手机头显，成为出货量最高的产品形态。经过2018年全年的发展，在VR手机头显逐渐被淘汰、VR主机头显销量趋于平缓的情况下，VR一体机继续逆势高速增长，在2019年第一季度的出货量达到16.23万台，占比超过60%，远高于全球市场的23.6%，我国已成为目前全球最大的VR一体机市场。

二、中国VR市场发展特点

1. 中央+地方政策支持，为发展提供新机遇

2019年，我国各级政府陆续出台了多项虚拟现实产业相关政策，继

① 长城国瑞证券研究所：《VR在5G时代将彻底释放潜力，为传媒行业注入新的活力》.

续提升对虚拟现实技术研发、人才培养、产品消费、市场应用的支持力度，部省联动的政策框架体系基本形成，虚拟现实产业进入政策红利的释放期。

中央层面，继工信部在2018年12月25日发布《加快推进虚拟现实产业发展的指导意见》，2019年6月，教育部发布了《关于职业院校专业人才培养方案制订与实施工作的指导意见》，2019年8月，科技部、中宣部等六部委发布《关于促进文化和科技深度融合的指导意见》，均涉及虚拟现实技术在人才培养和应用层面的政策。

表2　2019年中国中央机构发布有关虚拟现实政策举例

发布时间	政策名称	发布机构	政策内容
2019.8	《关于促进文化和科技深度融合的指导意见》	科技部、中宣部等六部委	指出要加强文化创作、生产、传播和消费等环节共性关键技术研究，开展文化资源分类与标识、数字化采集与管理、多媒体内容知识化加工处理、VR/AR虚拟制作、基于数据智能的自适配生产、智能创作等文化生产技术研发。加强激光放映、虚拟现实、光学捕捉、影视摄录、高清制播、图像编辑等高端文化装备自主研发及产业化。
2019.6	《关于职业院校专业人才培养方案制订与实施工作的指导意见》	教育部	提到的内容包括：推进信息技术与教学有机融合，从而全面提升人工智能、虚拟现实等现代信息技术在教育教学中广泛应用。
2019.4	《产业结构调整指导目录（2019年本，征求意见稿）》	国家发改委	该《目录》是在2011年基础上修订的，旨在以供给侧结构性改革为主线，把发展经济的着力点放在实体经济上，顺应新一轮世界科技革命和产业变革，大力破除无效供给等。虚拟现实（VR）、增强现实（AR）等技术的研发与应用纳入2019年“鼓励类”产业。
2019.3	《关于组织开展2019年新型信息消费示范项目申报工作的通知》	工业和信息化部	提出要鼓励利用虚拟现实、增强现实等技术，构建大型数字内容制作渲染平台，加快文化资源数字化转换及开发利用，支持原创网络作品创作，拓展数字影音、动漫游戏、网络文学等数字文化内容，支持融合型数字内容业务和知识分享平台发展。

续表

发布时间	政策名称	发布机构	政策内容
2019.3	《2019年教育信息化和网络安全工作要点》	教育部	指出要推动大数据、虚拟现实、人工智能等新技术在教育教学中的深入应用。
2019.3	《超高清视频产业发展行动计划（2019–2022年）》	工信部、国家广电总局、中央广播电视总台	推动重点产品产业化列为重点任务，其中包括超高清电视、机顶盒、虚拟现实/增强现实设备等产品。
2019.1	《进一步优化供给推动消费平稳增长促进形成强大国内市场的实施方案（2019年）》	国家发改委、工信部、民政部等十部委	提出可对超高清电视、机顶盒、虚拟现实/增强现实设备等产品推广应用予以补贴。

而在地方政府层面，各省、市根据自身特点陆续制定了地方产业政策或行动计划。例如，北京市发布《关于促进中关村虚拟现实产业创新发展的若干措施》，提出以中关村石景山园区为中心，推动技术研发、成果转化、产业促进服务平台等措施；青岛市发布《崂山区促进虚拟现实产业发展实施细则》，加大引入科研机构和重点企业，鼓励人才的引进和培养，并以贷款贴息扶持、政府购买服务方式支持产业发展；成都市发布《成都市虚拟现实产业发展推进工作方案》，提出打造内容制作运营高地、软件创新研发高地和硬件研发制造核心的“两高地、一核心”产业布局；南昌市发布《关于加快VR/AR产业发展的若干政策（修订版）》，以红谷滩新区VR产业园及新建区AR硬件产业园为载体，通过奖励、补贴、基金等多种资金扶持方式带动技术研发、企业招引、创新创业、应用示范、市场推广、人才引进等全面发展。

2. 产业结构细分，呈现竞争演化规律

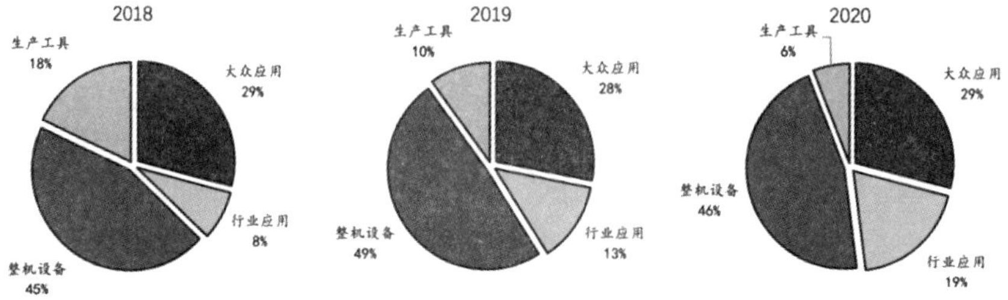

图8　2018-2020年行业应用逐年增加，整机设备应用占比近半

（数据来源：IDC，中商研究院）①

从产业结构看，目前国内VR市场仍然集中于硬件设备领域。2018年整机设备在市场份额中位居首位，占额45%，硬件仍处于不断迭代升级的阶段中。同时，随着VR市场商业模式的进一步成熟，内容制作作为VR领域价值实现的核心环节，其应用市场呈现出强劲的增长态势，据中国信通院预测，工业、医疗、教育等行业的应用市场规模占比将由2018年的8%上升至2020年的19%。

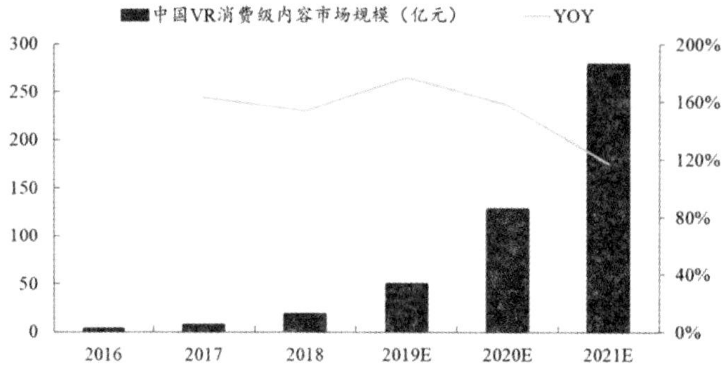

图9　2016-2021年中国VR消费级内容市场规模变化及预测

（数据来源：艾瑞咨询）②

① 国泰君安证券，《5G赋能&技术革新，AR VR 行业如虎添翼》.

② 艾瑞咨询，《中国虚拟现实(VR)行业研究报告——市场数据篇》，https://cloud.tencent.com/developer/article/1123082.

而根据艾瑞咨询的预测，至2021年，中国VR消费级内容市场规模有望达到278.9亿元。

3. 部分沉浸的发展阶段

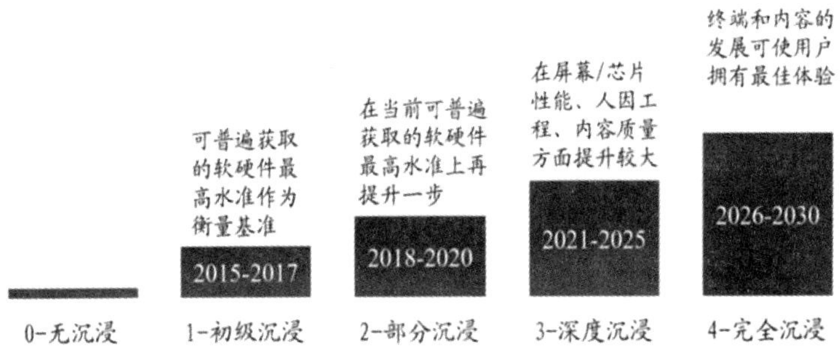

图10　虚拟现实技术阶段

（数据来源：中国信通院）①

根据中国信通院，虚拟现实技术可根据沉浸体验度来划分为无沉浸、初级沉浸、部分沉浸、深度沉浸与完全沉浸五个阶段，不同发展阶段对应不同体验需求，而不同的体验需求又对应着不同的技术指标门槛，不同的设备和内容投入要求，也就直接影响到VR设备的整体销售价格，因此，消费者需要在VR设备体验度和价格之间寻找平衡点。目前技术发展尚处于部分沉浸期，主要表现为1.5K–2K单眼分辨率、100–120度视场角、百兆码率、20毫秒MTP时延、4K/90帧率渲染处理能力、由内向外的追踪定位与沉浸声等技术指标。

三、中国VR市场现状总结

从我国总体市场数据来看，无论是直观的市场规模分析数据，还是通过硬件出货量来反映消费水平，都指向统一的结论：目前我国的VR产业已走出低谷期，正处于稳步爬升光明期，有望在未来几年内进入生

① 中国信通院，《2018年中国虚拟现实应用状况白皮书》，http://www.199it.com/archives/780276.html.

产的高峰期。虚拟现实产业在中国的影响力和市场规模均保持着稳定增长的状态，经过了发展的爆发期和遇冷期，其发展增速在我国愈加趋于平稳。虽然国内VR技术发展迅速，但产业成熟度仍滞后于国际。

第二节　中国VR产业投融资现状及预测

2019年上半年中国市场在虚拟现实领域的投融资表现比较谨慎，而在下半年的投融资中则更为开放。2019年上半年VR/AR投融资总额为21亿元，与2018年同期20亿元基本持平；2019年7–8月份国内虚拟现实融资额为17.7亿元，比2018年下半年4亿元的融资额增长342%。随着全球虚拟现实投融资的升温，国内下半年投融资有望迎来新一轮增长期。

一、投融资规模及事件数

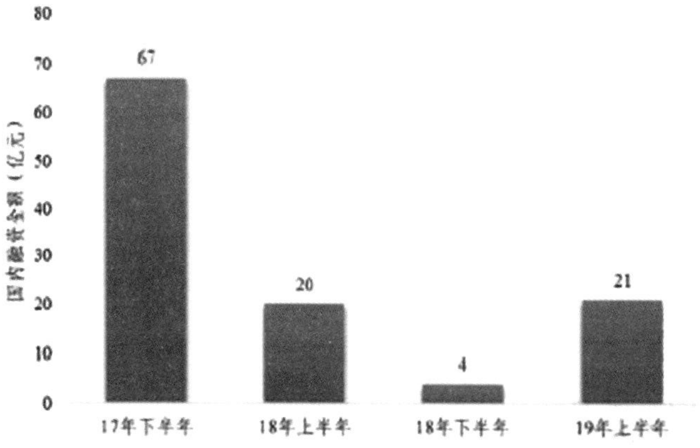

图11　2017年下半年至2019年上半年国内融资金额

（数据来源：赛迪智库整理 2019年9月）[①]

① 赛迪智库，《2019年虚拟现实产业发展白皮书》，http://www.docin.com/p-2269167472.html.

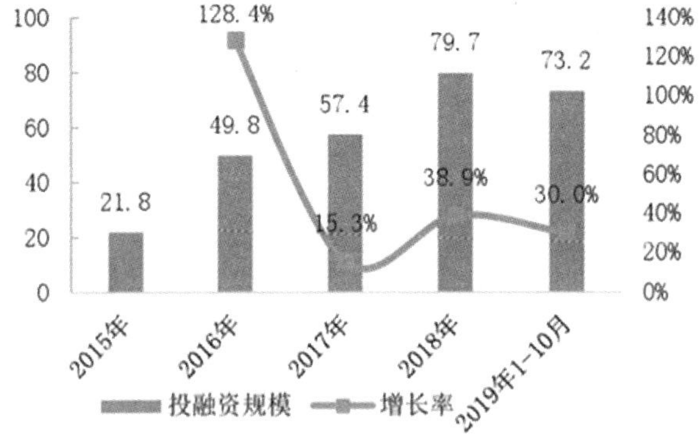

图12 2015-2019年中国VR/AR投融资规模（亿元）

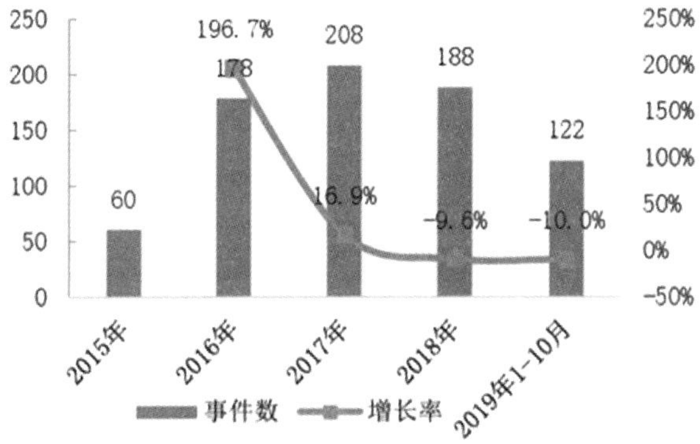

图13 2015-2019年中国VR/AR投融资事件数

（图12&图13数据来源：赛迪智库整理）①

综合来看，我国资本市场对虚拟现实产业的发展仍然呈现出谨慎观望的态度。首先，在投融资数额规模方面，在2015—2018年间持续增长，2019年1—10月总投资规模约达到73.2亿元，接近2018年全年投资79.7亿元的规模，赛迪预测2019年总投资额的增长幅度在30%左右，是经历2016年爆发式增长后趋于理性稳定的增速。其次，在投融资事件数

① 赛迪智库，《2019年虚拟现实产业发展白皮书》，http://www.docin.com/p-2269167472.html.

方面，从2015年起经历了2017年的峰值208次后，开始呈现缓慢回落的态势。2019年1—10月的投融资频数为122次，据赛迪预测，2019年全年投融资频数会保持2018年开始的下降趋势，同比下滑超过10%。

二、投融资结构

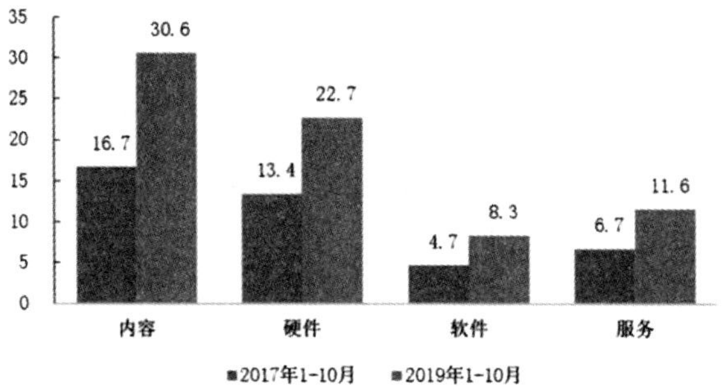

图14　2017年和2019年1-10月中国VR/AR各环节投融资规模和结构

（数据来源：赛迪智库整理）[①]

图15　2017年和2019年1-10月中国VR/AR内容环节投融资结构

（数据来源：赛迪智库整理）

在投融资结构方面，内容换届成为我国吸引投融资增长的最快环节，2019年1—10月的内容投资规模达到了30.6亿元，较2017年同期16.7

① 赛迪智库，《2019年虚拟现实产业发展白皮书》，http://www.docin.com/p-2269167472.html.

亿元的投融资数额，达到了同比增高83.2%的增幅，为各环节第一。同时，领先于同年后续的硬件（22.7亿元）、服务（11.6亿元）、软件（8.3亿元）。

其中，从内容领域的细分看来，游戏和教育领域始终是内容环节投融资的热点，但2019年1—10月的内容投融资结构中，“其他”类别的占比从2017年同期的50.9%增长至2019年的60.3%，两年内增长了近10个百分点，体现出了虚拟现实内容制作从单一聚集的领域向多样化应用发展变化的趋势。

三、投资轮次

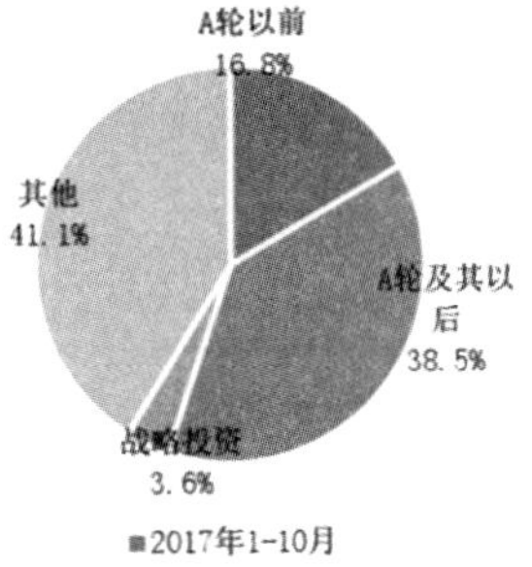

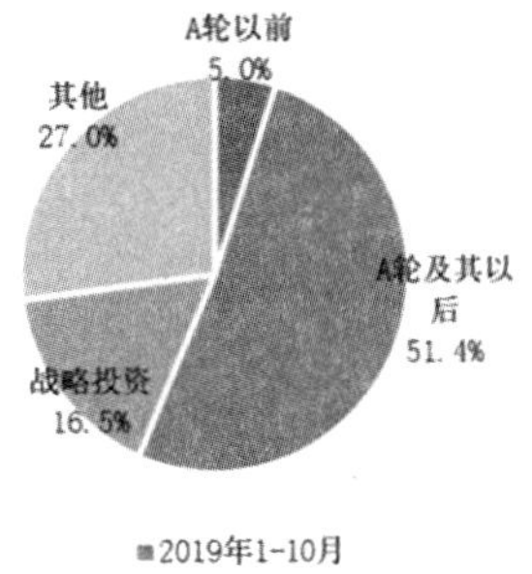

图16　2017年和2019年1-10月中国VR/AR投融资轮次结构变化

（数据来源：赛迪智库整理）

在我国虚拟现实投融资轮次的表现上，2019年呈现出其走向更加成熟化的发展方向。2019年1—10月国内虚拟现实投融资以A轮及其以后轮次为主，占比为51.4%，相比于2017年同期，同比增长了12.9个百分点，而A轮以前轮次则同比下降了11.8百分点。同时，战略投资的数额也呈现出显著上升的态势，相比2017年，同比增长了12.9个百分点。

四、产业投融资总结

总体来看，我国虚拟现实市场资本的活跃程度虽不如2016年、2017年一般居高不下，但2019年中国的虚拟现实产业市场趋于理性，保持在逐渐回暖的进程中。虽然资本的风潮有所转移，VR在应用层的投融资态势依旧热度不减。经过2016年—2018年三年的洗礼，市场开始对VR产业的未来预期有了更清晰的认识，前期“投也不敢投，放也不敢放”的市场风向在2019年得到了明显的改观。

第三节　中国VR用户市场规模分析

一、我国VR用户现状

用户是促进VR产业发展变革的重要部分，随着我国虚拟现实资本市场持续火热，产品逐步进入大众消费市场，应用领域不断扩张，虚拟现实设备体验不断提升，内容逐渐丰富，用户规模也不断攀升。据中商产业研究院数据显示，我国虚拟现实产业用户规模从2015年的52万人增长至2017年的499.9万人，三年间净增长447.9万人次，预测2019年中国虚拟现实消费者规模将近2000万人。

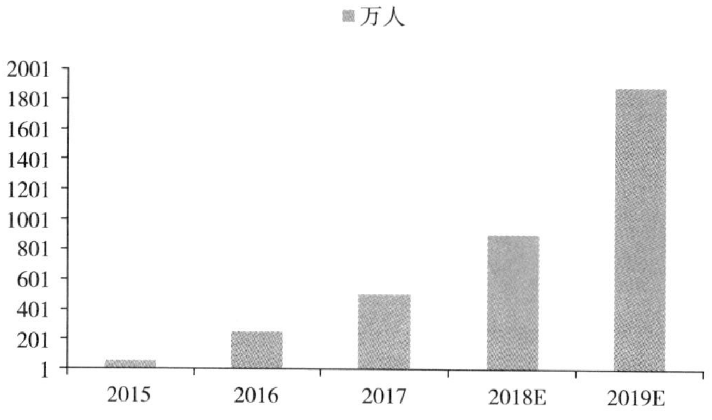

图17　2015-2019年中国虚拟现实消费者规模及预测情况（单位：万人）

（数据来源：中商产业研究院）[①]

① 中商产业研究院，《2019中国虚拟现实（VR）市场现状及发展前景预测》，http://www.askci.com/news/chanye/20190629/1749591149029_2.shtml.

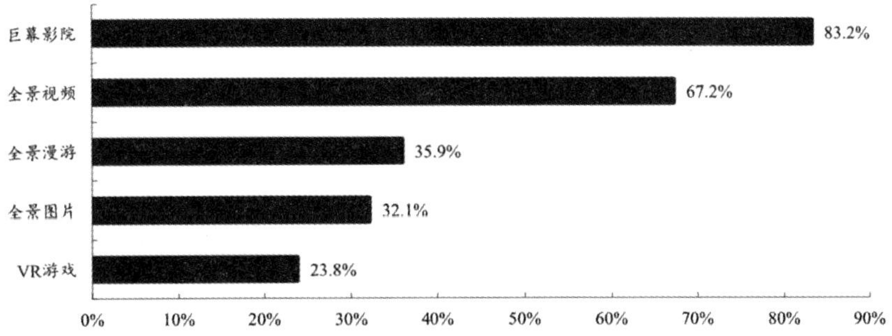

图18 中国虚拟现实重度用户偏好的应用类型

（数据来源：中国VR用户行为研究报告）①

随着我国虚拟现实技术的普及和受众数量的增长，越来越多的品类将被引进虚拟现实产业中，而视频内容（直播+影视）将成为国内VR消费者所关注的重要类别。根据《中国VR用户行为研究报告》显示，在中国VR重度用户偏好的应用类型中，巨幕影院和全景视频是最受欢迎的品类，用户可从任何位置和角度观影，并且可以重复观看，参与不同的互动，从而提升新鲜感。根据艾瑞咨询数据，预计到2021年，国内VR视频内容的市场规模可达132.5亿元，占中国VR消费级内容市场的比例为47.5%。

二、我国VR用户基本情况

除却用户总体规模外，包含用户对VR产业的关注程度及使用情况在内的VR用户基本情况也是本调查的重要目标之一。调查组利用“百度搜索指数”工具，以“虚拟现实”及“VR”为对比关键词，在不限时间范围内的关键词搜索、用户地域分布、媒体指数三个维度上对用户基本情况进行分析。

① 暴风魔镜、知萌咨询、国家广告研究院，《中国VR用户行为研究报告》，https://wenku.baidu.com/view/5cb18295a26925c52cc5bff3.html.

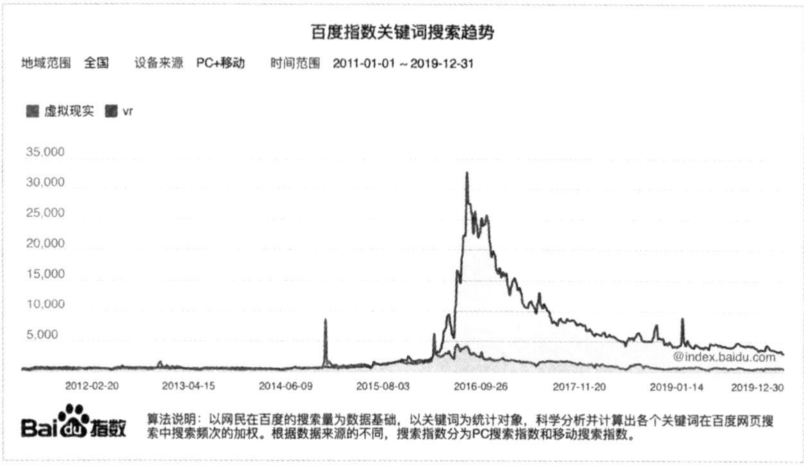

图19 “虚拟现实”及“VR”的百度指数关键词搜索趋势

（数据来源：百度搜索指数）

从2011年至2019年VR及虚拟现实的百度搜索指数图可以看出，在2015年之前，人们对虚拟现实技术的关注程度较低；2016年达到了用户关注度的峰值，2017年后又急速回落。从百度搜索指数反映出的普罗大众对虚拟现实产业的关注度在2016“VR元年”的热潮过后，自2018年起至今逐渐趋于平稳、固定的数值。

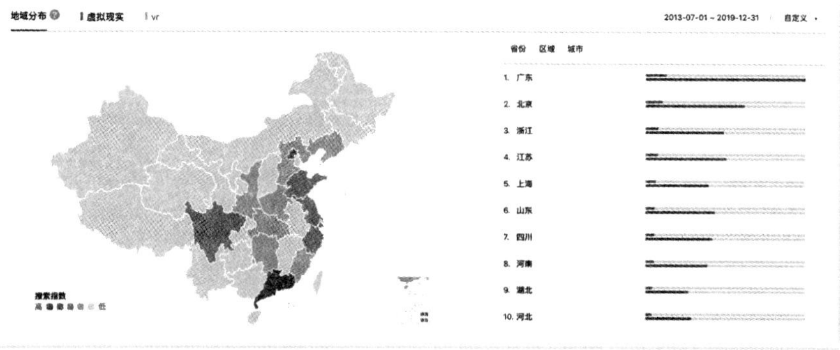

图20 “虚拟现实”及“VR”的百度指数地域分布

（数据来源：百度搜索指数）

从虚拟现实及VR搜索指数地域分布图中可以看出，我国较为关注虚拟现实产业的省市多集中在南方及东南沿海地区，以科技发达的广东省及高校云集的北京市为典型地区及城市。其他地区对VR的关注程度则较低，我国VR产业用户的地域分布呈现出不平衡的特点。

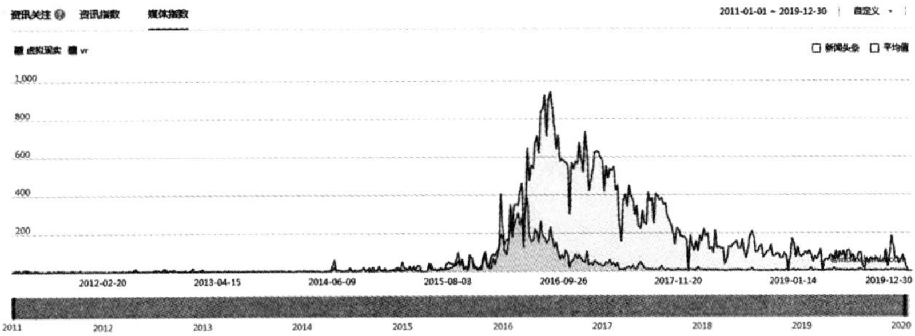

图21 “虚拟现实”及“VR”的百度指数资讯关注

（数据来源：百度搜索指数）

媒体指数能够从媒体报道的角度反映社会对VR产业的关注程度，从虚拟现实及VR媒体指数可以看出，我国媒体对于VR产业的关注度同样在2016年达到峰值，并在2017年以后逐渐下降并趋于稳定。

三、我国VR产业用户总结

综上所述，用户对于VR产业的关注程度紧随VR产业本身发展的态势变化。当整个产业处于火热的发展上升期，能够显著带动人们及社会对于该领域的关注；目前，我国VR产品的用户规模仍处于较低水平的发展阶段，并伴随着地域发展不均衡、用户普及率较低等诸多问题。

第四节 商业模式及产业链

一、商业产业链全景图

虚拟现实技术的产业链有三大核心端：VR设备生产端、内容制作端以及应用场景端。由于VR产业链分支众多，体系庞大，硬件、软件等各类别在整个产业链中所起到的作用也不尽相同，具体而言，硬件和软件构成了虚拟现实产业的终端产品，设备商所提供的虚拟现实设备在现阶段主要包括外接式、一体式以及移动式（无屏/手机盒子）设备；内容则包括各应用领域的内容运营、内容制作，通过定制电影、游戏、视频或软件等形式，将VR设备转化为适用于不同应用场景的商品，再向消费者进行销售。而应用包括各应用领域的应用软件和应用分发，目前，虚拟现实技术在市场范围内主要应用于游戏、直播等to C端娱乐场景，医疗、教育、工程等to B端场景相关技术仍在不断升级。

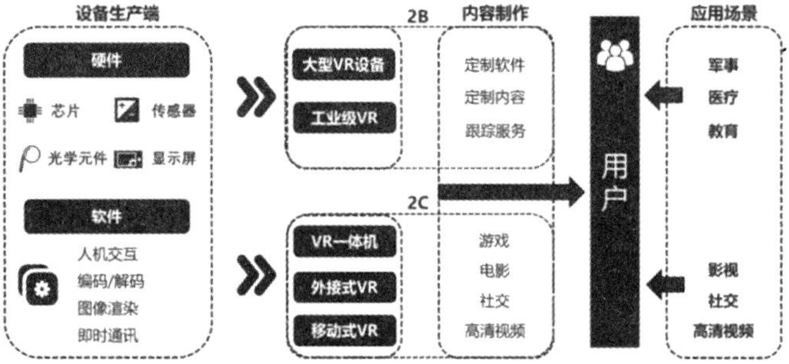

图22　VR产业链全景图

（数据来源：中信证券研究部）[①]

终端设备是VR产业链中的一大组成部分，中国是全球拥有虚拟现实硬件设备最多的国家。据IDC发布的《中国VR/AR市场季度跟踪报告》显示，2018年中国VR设备数量为2110万台，预计到2023年，中国VR设备将增至3970万台，未来5年内，中国VR设备的复合增长率将超过35.8%。近两年，我国在VR硬件设备领域的市场规模进一步扩大，显示输出设备（PC/主机外接头盔、手机盒子〈VR眼镜〉、一体机、大型空间）、输入反馈设备（操作控制设备、监测捕捉设备、其他配套设备）、全景拍摄设备也逐渐成了VR硬件终端的核心设备，在三类设备的引领下，VR产品市场逐渐成熟，虚拟现实产业生态逐步形成。

① 中信证券研报，《5G加速VR/AR发展 视频端有望率先爆发》，https://www.yicai.com/brief/100401154.html.

值得注意的是，我国作为设备端生产大国，在产品的普及和商业布局的开拓进程中仍有三方面限制：

1. 不好用。目前，虚拟现实产业所配套的软硬件、系统、内容的兼容性以及技术、健康适用、行业级应用间适配性标准体系亟待建立。

2. 不会用。虚拟现实消费端杀手级应用尚未出现，多行业融合应用进展路径亦不明晰；老年群体等消费者对技术创新的接受程度有待提高。

3. 不敢用。虚拟世界所造成的权属、犯罪等问题尚无法律界限，VR沉浸式体验或将带来伦理风险。

二、商业模式

在硬件领域，借力四大技术，商业模式逐渐清晰。人工智能、大数据、云计算、VR/AR是目前科技产业内最热门的四项技术，云计算可以解决VR/AR端CPU、GPU的计算和渲染速率，大数据可以帮助VR/AR找到更好的变现模式，而人工智能则可以将VR/AR市场内的各种应用和工具变得更加新奇、有趣。因此，在未来，VR/AR需要与其他三者互相融合、互相促进，其商业模式才能更加清晰，获得更好的发展。

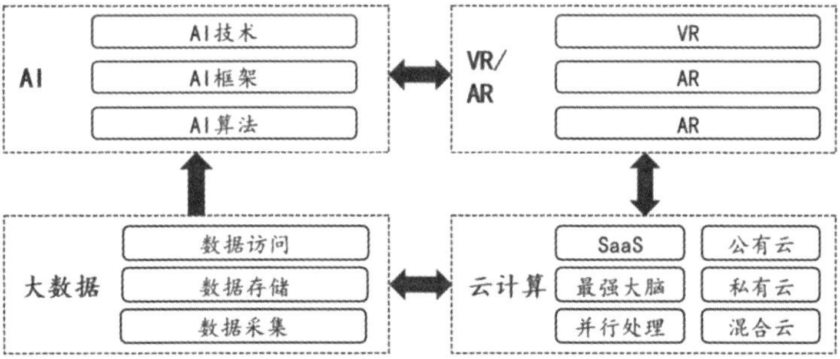

图23 VR与其他技术产业商业模式图

在服务提供方面，目前虚拟现实产业的三种主要收费模式是广告模式、订阅模式和按使用付费模式。

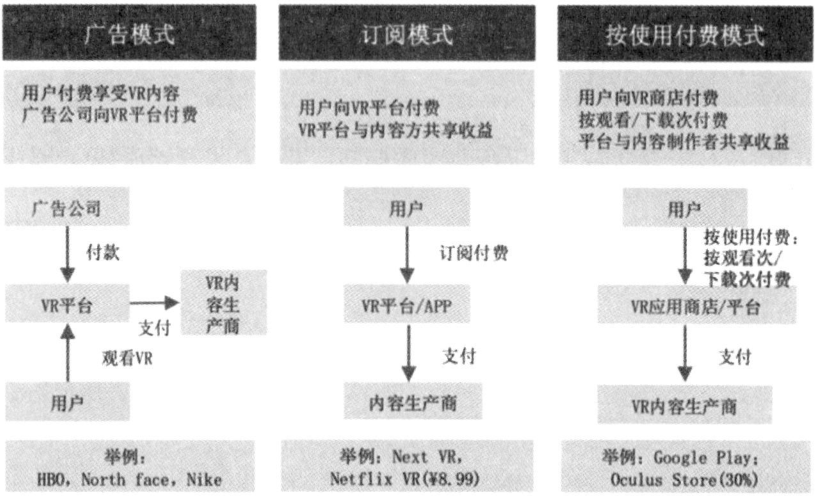

图24　VR服务收费模式

三、商业模式总结

当前我国虚拟现实技术体系正在走向成熟，相关传感、交互、建模、呈现技术等软件短板补齐已见趋势，硬件自主能力也亦步亦趋地得到了大幅度的提升；内容、服务平台的搭建也呈现出进一步完善向好的产业生态；虚拟现实消费端及应用领域持续拓宽，融资持续向好。

第三章

中国VR产业融合创新发展报告

自虚拟现实技术的概念诞生以来，相关技术、产品和应用持续迭代深化、不断改进，已经形成了具有一定特征的稳定格局。在突破限制和不足的进程中，与平行进步的其他创新科技不断糅合，打破技术壁垒、创新融合发展，赋予了虚拟现实发展前进的新机会，提供了新平台。

第一节　5G技术

5G指“第五代移动通信技术”，是一种大幅度的技术升级。与上一代通信技术相比，5G能够提供至少十倍于4G的峰值速率、毫秒级的传输时延和千亿级的连接能力，其相对于4G的变革相当于“大哥大变成智能机，绿皮车变成复兴号”[①]一样。2019年度无法回避的技术话题是5G赋能VR发展，华为《5G时代十大应用场景白皮书》中指出，VR/AR是十大应用场景中5G技术相关度最高、市场潜力最大的应用场景，将成为移动网络中最有潜力的大流量业务，华为在万物互联生态中也重点发力VR/AR。在5G技术商用的推动下，VR技术将迎来新一轮的技术

① 科普中国，《5G到底是个什么玩意儿？》，https://mp.weixin.qq.com/s/OBT5W0enOhqGE9ttsVo1BA.

突破与应用普及，为人们的生产生活带来更多可能已经成为虚拟现实领域的共识。

从技术实现角度来看，5G可以从根本上解决VR设备沉重带来的种种问题。5G的高速率能够有效打通VR/AR在传输方面的屏障；低延迟将彻底消除VR/AR使用中由时延带来的眩晕感，提升消费者体验；边缘云计算可以让VR/AR“无绳化”，随时随地都能使用，有效解决阻碍AR/VR发展的诸多限制性因素，显著提升用户体验。

图1　5G赋能VR

（数据来源：华为，国泰君安证券）[①]

从内容角度来看，视频已经成为当今主流的媒体传播形式，随着技术的发展，视频的分辨率由标清、高清向超高清发展，视频的观看方式由平面向VR全景发展。5G提供了超高清视频传输所需要的带宽能力，势必催生更多的4K以上高清影视、直播、游戏等VR内容。VR产业有望随着5G商用的加速落地得以迅速发展，将成为首批受益的应用场景。

① 国泰君安证券，《5G赋能&技术革新，VR/AR行业如虎添翼》，http://www.100ec.cn/detail--6513665.html.

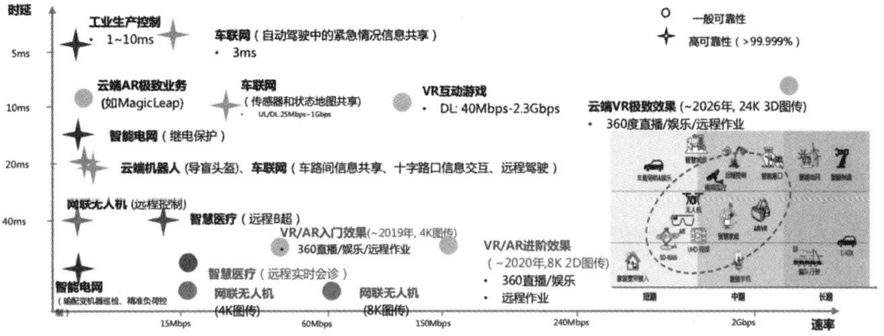

图2　中国移动基于时延与速率指标筛选出的5G应用场景示意图

（数据来源：中国移动，华为）①

另一方面，5G时代所衍生的新技术也有望为虚拟现实产业带来变革，为市场注入新的活力。比如，"边缘计算"能够基于5G的演进架构，将基站与互联网业务深度融合，满足系统对于吞吐量、时延、网络可伸缩性和智能化等多方面要求。与传统移动通信网络集中化处理机制不同，边缘计算通过下沉计算和存储等能力，降低物理时延，减少信息交换的过程，降低网络负荷，从而可以创造出一个具备高性能、低延迟与高带宽的电信级服务环境，使内容更接近用户终端。在虚拟现实领域，引入"边缘计算"意味着原本需要在终端完成的海量数据的处理、图形的渲染等工作可以迁移到边缘计算网络上完成，而终端设备只需负责对网络中各项内容、服务及应用的分发和下载，消费者得以享有更高质量、更简便的用户体验，有利于推动产品升级的同时，加速行业的普及和推广。

第二节　云化虚拟现实

Cloud VR（云化虚拟现实）是在虚拟现实产业引入云计算、云渲染

① 中信建投证券研究发展部：《5g应用之全球趋势前瞻》：https://baijiahao.baidu.com/s?id=1641316289374642479&wfr=spider&for=pc.

的理念及技术。通过高速稳定的网络，将云端的显示输出和声音输出等环节经过编码压缩后传输到用户的终端设备，实现用户所储存的VR内容上云、渲染上云，以提升逻辑计算和图像处理能力，弥补独立虚拟现实设备的不足。本地VR向Cloud VR的演进已成为不可逆转的发展趋势。

表1　本地VR与Cloud VR优势对比

指标	本地 VR	Cloud VR
用户体验	对于PC VR终端设备有很强的依赖性。但设备笨重，佩戴不方便，舒适性欠缺，行动非常不便。	终端实现无绳化，轻便、佩戴方便，便于更多类型终端接入。同时，可以实现多屏融合和多屏分享，网络化多人互动VR。
设备使用效率	使用地点和频率受到限制。只能在家里或利用碎片时间使用，设备闲置率高，资源浪费严重。	VR云化后的虚拟机技术能够实现一个硬件分时复用给多个用户，大大提高设备利用率。
用户消费VR成本	由于本地VR对于CPU、GPU内存等指标的高要求，使得当前VR终端整体价格偏高，超过一般消费者的接受能力，普及性差。	VR云化后，用户的设备只需要最基础的视频解码、呈现、控制信令接收和上传。大大降低使用成本和消费等级。
VR内容	当前VR内容生产分布分散，难以实现有效共享和快速分发。此外，本地VR内容多为离线体验，管控难度大，版权保护难度高。	Cloud VR可以在云端对数据进行精准管理和发放，对内容进行快速共享和分发，管控容易，版权有保障。
VR商业场景普及	本地VR单用户消费成本高，内容匮乏，推广困难，没有良好的生态循环。	VR云化能够加速普及，高品质VR内容和VR商业场景也将相继繁荣。

（数据来源：公开资料）

以用户基数、用户使用频度、内容成熟度、用户体验、云化进程、产业成熟度等为主线，可将VR云化划分为三个阶段：近期云化、中期云化、远期云化。现阶段正处于近期云化，其特点是：场景已经支持终端无绳化、内容上云、实时渲染计算上云，产业成熟度高，用户使用频度高，有比较好的用户基础，终端种类丰富。

从交互强弱来看，Cloud VR可分为两类：以VR视频、直播为代表的弱交互VR和以VR游戏为典型的强交互VR。目前，VR巨幕影院、VR

游戏、VR 360° 视频、VR直播四个场景已经支持云化，随着云业务平台与业务开展结合的深入，以上场景很快便可实现规模化应用。从长期来看，强交互方向的虚拟现实云化同样具有强劲的发展机遇及潜力。

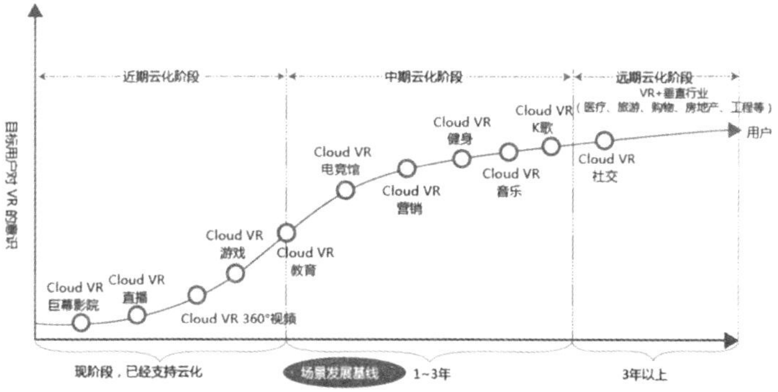

图3　VR云化的三个主要阶段及主要应用场景

（资料来源：华为iLab）①

第三节　增强现实技术

AR(Augmented Reality)又称为增强现实，其本质是在用户现有的视觉空间下叠加虚拟物体，以实现用户在真实空间下对于附加场景的增强性需求。同虚拟现实的发展脉络一致，AR的概念在1990年首次被提出并在之后的岁月里长期停留在军方实验室的研究层面。进入21世纪，随着一部分安卓手机应用的推出和谷歌AR眼镜的问世，AR技术的发展才进入了新纪元。

AR由于需要在用户真实视觉场景中构造出虚拟三维物体，本身就带有一定的VR色彩，VR利用计算机生成的图像完全取代现实世界，AR则将计算机生成的图像添加到用户周遭环境中，且VR本质上是更先进的媒体形式，而AR是强大的计算平台。两者的目的、实现方式、技术

① 华为iLab，《5G Cloud VR 打造下一代娱乐体验》，https://e.huawei.com/cn/material/event/HC/88ee19fd5c3746dc9e7d74eb51a1fb19.

痛点和产品造价都处于不同的发展水平，应用领域也是千差万别：VR主要应用于游戏、娱乐方面，而游戏、娱乐仅仅是AR应用的子集。基于二者的差别和联系，我们不难发现AR/VR并非完全独立的技术，而是在相互竞争的同时，也在相互成就。

在VR大潮的推动下，AR技术更新迭代的速度也得到加快，相关产品及应用也已然落地，巨头公司资本涌入促进AR技术更大规模占领市场。微软在2015年和2018年分别推出AR眼镜HoloLens及迭代产品HoloLens 2；谷歌与阿里巴巴投资了AR公司Magic Leap，苹果公司也在持续对AR软硬件进行投入，并推出了AR开发工具ARKit。2016年，一款手机端AR游戏《精灵宝可梦GO》在世界范围内爆红，均说明AR技术具备巨大的潜力。Digi-Capital预测，到2020年，AR/VR的市场规模是1500亿美元，其中AR占1200亿美元，VR占300亿美元。五年内，AR（移动AR和智能眼镜）安装量将达到35亿，收入850–900亿美元。

5G、云化、AR/VR并行的技术创新为虚拟现实产业的进步打开了一个个新的窗口，使其无限潜能从现有的技术欠缺中释放出来。同时，前文所述并不能涵盖虚拟现实技术发展的全部融合创新，未来，我们期待更多的前沿技术融合与更广阔的市场及应用舞台。

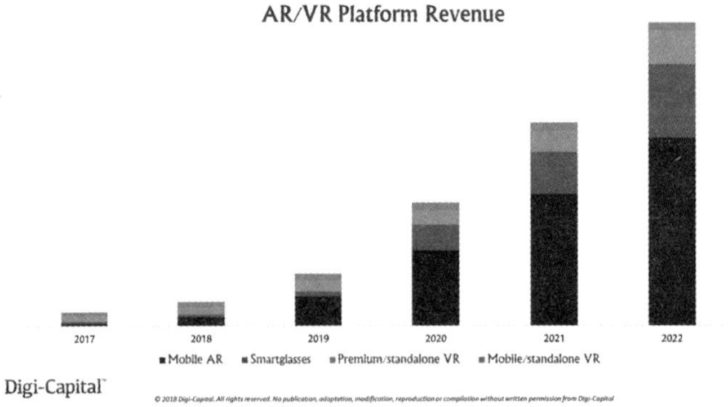

图4　2017–2022年VR/AR市场安装体量及预测

数据来源：Digi-Capital[①]

① http://www.199it.com/archives/683642.html.

第四节 5G背景下的VR/AR/MR融合发展

2019年10月31日，国内三大运营商公布5G商用套餐，并于11月1日正式上线5G商用套餐，引起5G话题讨论的热潮。5G对于虚拟现实产业的发展，学界业界的多数人士有着这样一个共识，VR想要真正走进大众生活，成为未来传媒技术发展的方向之一，离不开一个最基础的要素，即通信技术的支持。而5G网络的发展将大大提升网络传输速度，满足VR数据高速传输的需要，有效提升VR的使用体验。因此，许多人预测2020年将成为虚拟现实产业发展的拐点，5G网络的发展增强了人们对虚拟现实产业发展的信心。

国内虚拟现实产业处于初步发展阶段，但已经呈现一定的融合发展态势，未来在5G的助力下，VR走进寻常百姓家，走进更多的行业和领域，融合将是产业发展的一个必然方向。“融合”不仅是虚拟现实产业的发展形态，它还是铺展虚拟现实技术，使其实现更宽、更密、更深、更厚的社会性连接的一种道路选择，而这里的“融合”是在多个维度上同时发生和进行的。

2018年12月，工业和信息化部关于加快推进虚拟现实产业发展的指导意见提出，到2020年，我国虚拟现实产业链条基本健全；到2025年，我国虚拟现实产业整体实力进入全球前列的发展目标。国家对虚拟现实产业发展的重视程度不断提升，本文在此分析虚拟现实的融合发展态势，以期有助于推进虚拟现实产业的发展，实现发展目标。

一、虚拟现实（含增强现实、混合现实）发展现状

1. 在技术发展方面，虚拟现实的关键技术主要包括人机交互技术、传感器技术、动态环境建模技术、系统集成技术。其中，传感器技术的发展是虚拟现实技术更好地实现人机交互的关键。虚拟现实技术的进步受制于传感技术的发展，现有的VR设备存在的缺点与传感器的灵敏程

度有很大的关系。随着研究水平的提高，这些技术有望取得突破性的进展。与虚拟现实相关的5G、人工智能、大数据、云计算等前沿技术也不断融合创新，这将进一步促进虚拟现实产业落地，催生更多相关的业态和服务。

2. 在虚拟现实产业链主要环节的进展方面，我国硬件产业链的自主研发能力不断提升，内容生态不断完善。相关资料显示，我国最早布局虚拟现实产业的宏达国际电子股份有限公司（HTC）于2015年发布了虚拟现实头戴显示器HTC Vice。两年后，宏达的虚拟现实终端设备技术迈进全球前三，产品销售多次名列全球第一。大朋、暴风魔镜等创业公司紧随其后发布了虚拟现实头显产品，小米、华为等各大手机厂商纷纷入局，越来越多的巨头公司将目光转向了虚拟现实头显产品。各软硬件企业也开始打造自家的内容聚合平台。但是，由于缺少行业标准，我国虚拟现实产业链的扩展给相关企业带来了困扰，不同硬件设备的研发和产业化以及不同平台之间的兼容问题难以有效解决，致使虚拟现实产业链难以形成商业闭合环。

3. 在产业应用方面，目前VR虚拟现实技术已经广泛应用于教育培训、建筑工程前期规划、室内平面设计、旅游气象宣传、古迹还原、桥梁道路设计、地质灾害预演等众多领域。《2018中国VR产业发展和消费者调查报告》显示，在未来VR技术在专业行业领域和大众消费市场都会得到较为广泛的应用。但是就现阶段来看，VR技术在专业领域例如医疗、新闻传播、教育等方面的应用较为普遍，学者认为VR技术初期在专业领域能解决很多以前不能解决的问题，比如跨国企业或者建筑行业的培训问题。而大众市场由于存在很多的制约因素，例如供应链、成本的控制、用户的教育、内容的生态建设等问题，使得VR技术在大众消费市场还不能得到较快的发展。

与世界发达国家相比，我国虚拟现实技术的研究时间和成果还比较落后，但是从虚拟现实产业在全球整体的发展状况来看，我国还是具有一定的先发优势。在这样的背景下，能否乘时代之风，抓住新一轮科技革命的难得机遇，关乎我们能否实现科技领域和关键行业的弯道超车。

二、VR/AR/MR融合发展态势分析

1. VR/AR/MR技术的融合

VR、AR和MR都涉及虚拟成像，AR和MR是在VR技术的基础上衍生、发展而来。相比VR，AR/MR的技术难点更多。VR，虚拟现实，其视觉呈现方式是阻断人眼与现实世界的连接，通过设备实时渲染画面，营造一个全新的世界；AR，增强现实，其视觉呈现方式是在人眼与现实世界连接的情况下，叠加全息影像，加强视觉呈现；MR，混合现实，将真实世界和虚拟世界混合在一起，产生新的可视化环境，环境中同时包含了物理实体与虚拟信息。作为一个前沿领域，目前学界尚未有对这三者的严格界定。而业界不少人士则认为，尽管在技术实现和视觉呈现方面有所不同，但是随着技术的成熟，未来可能不再区分AR与MR，VR设备与AR/MR设备也将融为一体。

有业界人士明确指出，VR和AR其实是一件事，未来随着虚拟现实显示技术的成熟，头显设备要既能实现VR，也能实现AR。一台设备同时配备多样功能，才可能实现真正的普及化。

2. 虚拟现实技术与多元技术融合发展

习近平总书记提出把握核心技术主要从三个方面：一是基础技术、通用技术；二是非对称技术、“撒手锏”技术；三是前沿技术、颠覆性技术。有学者指出，未来传媒业的发展，很大程度上依赖于前沿技术、颠覆性技术的发展，VR技术正是这种最具有前沿性和颠覆性的新技术。

虚拟现实作为一项顶端技术，具有强大的融合能力，能够吸收应用多种先进技术的成果。其发展依赖5G网络通信的建设，此外还需要人工智能、云计算、大数据、三维图形生成技术、多传感器交互技术和高分辨率显示技术等多项技术协同发展，共同促进。一方面，多项技术将为虚拟现实的发展赋能；另一方面，由于更加靠近用户端，虚拟现实

的发展需求也会成为重要的牵引力，反向带动与其相关的诸多技术的发展。在这个过程中，各类技术紧密关联，它们的融合发展将开辟新一代信息技术产业新的增长源泉。

3. 虚拟现实与传统产业的深度融合

虚拟现实技术具有广阔的应用前景，这是显而易见的，虚拟现实行业充分利用自身优势，发挥其沉浸感、交互性和想象性的三大特征，结合传统行业，释放虚拟现实应用场景的创新活力，传统行业为虚拟现实技术提供落点，虚拟现实技术也将成为重塑传统行业的重要力量。因此，“VR+”是可以预见的发展趋势，它是创新融合的发展路径，有利于实现多个产业的跨界变革、重塑整合，加快产业转型升级。

4. 虚拟现实技术在产学研上融合发展

虚拟现实技术具有多学科交叉结合的特点，不仅涉及通信、计算、物理建模等理工科学，还与心理、传播等社会科学密切相关。因而虚拟现实技术的发展需要强大的科学技术支持与理论支撑。此外，虚拟现实技术还具有很强的应用性，与许多应用领域的特点、需求结合紧密。可以说，虚拟现实产业有着促进科技成果转化的巨大潜力，是推动经济发展的重要行业。基于虚拟现实技术的这两个特点，习近平总书记强调的产学研融合发展是加快虚拟现实产业发展的重要途径。

产学研融合发展，是知识社会环境下，新的创新形态推动产生的新型技术发展方式。产学研深度融合在宏观层面上，能推动经济增长方式由要素驱动转向创新驱动；在微观层面上能实现企业、高校和科研院所等产学研主体的深度融合，形成创新合力。产学研融合切合虚拟现实产业发展的需要，为其提供智力支持，同时也为其寻找、开拓更广阔的应用空间。

5. 虚拟现实对媒体融合提出新要求

智能手机的普及和网络媒体的深入发展催生了“融媒体”。“融媒体”是充分利用媒介载体的基本属性，把广播、电视、报纸、网络等既有共同点，又存在互补性的不同媒体，在人力、内容、宣传等方面进行全面整合，实现资源通融、内容兼容、宣传互融、利益共融的新型媒体。虚拟现实技术的发展反映媒介形态正进行着巨大的革新与进化，而融媒体是动态变化的媒介组织形式，虚拟现实的加入会对媒体融合提出新的要求。把握媒介是为了把握信息传播渠道，了解虚拟现实的媒介属性以及未来媒体的融合趋势，对主流媒体建立威信，掌握话语权、对国家对信息传播的管理具有重要意义。

虚拟现实技术通过融合听觉、视觉、嗅觉、触觉等不同的传播符号，形成集合声音、气味、材质等多种元素一体化的传播形态，加以交互式体验，打开了沉浸传播时代的大门。它的出现改造了内容生产的叙事模式和内容的消费模式，具有更高的叙事开放性和主体互动性。这与进行二维信息传播的传统媒体有很大的不同，对实现多种媒体之间的内容兼容、宣传互融提出了更高的要求。

三、对策与建议

1. 虚拟现实企业加强合作，加快建立行业内部统一标准。虚拟现实的产业链条较为复杂，相关企业应利用中央及地区出台的虚拟现实政策支持，开展虚拟现实产业布局。企业要找准自身的生产定位和发展方向，形成健康的合作竞争关系。携手解决行业内部标准不统一的问题。可由龙头企业带头提供行业标准提案，对接虚拟现实产业链中的上、中、下游，减少虚拟现实研发过程中不必要的成本投入。

2. 政府要出台相关的法律约束条例。这不仅涉及虚拟现实创新技术的专利保护和技术规范，还关乎虚拟现实内容生态的完善和良好市场环境的维护。通过健全相关法律机制，加强产权保护，激发内容生产者的积极性；同时关注保护用户隐私安全，打击违法隐私数据贩卖行为，维护用户的合法权益；加强相关产品的监管力度，打造健康良好的内容环境。

3. 政府应该积极发挥平台建设作用，推动企业、高校和科研机构的深度融合。首先，要支持高等院校设立虚拟现实相关专业及开展课程建设，通过依托高校和科研机构完成虚拟现实专业性人才培养，构建起一批具有自主研发能力的技术平台，加快虚拟现实技术研究取得突破性进展。其次，促进虚拟现实企业的联合，发挥龙头企业的模范效应，联合高校、科研机构引进创新性、专业性人才，促进科技成果转化，构建虚拟现实的产学研合作体系。

4. 把握虚拟现实的媒介属性，重视信息传播管理。在沉浸传播时代，国家要鼓励跨界融合，加强有能力的内容生产者与设备制造者的联合。还要更加重视用户在传播过程中的中心地位，尊重用户“内容创作者”地位的提升。与此同时也要警惕，虚拟现实给予生产者更大的内容创造权利，也会使得生产者变得不可见；虚拟现实赋予内容生产者更强大的激发情感共鸣的能力，也可能让他们成为潜在的煽情者和鼓动者。综合虚拟现实在信息传播方面的利弊影响，国家要加强预测和整体规划，引导虚拟现实产业健康发展。

第四章

中外VR产业发展研究报告

本报告研究全球与中国市场虚拟现实产业的发展现状，分别从生产和消费的角度分析虚拟现实的市场规模、产业结构、政策对比。重点分析全球与中国市场的设备产品特点、专利申请量、设备出货量等指标的差异，旨在分析中国现阶段与世界虚拟现实产业总体水平的异同，把握世界市场发展进程，对我国市场的进步起到指导性作用。

第一节　中外VR市场情况对比

一、中外VR产业市场规模

从世界范围来看，自2016年至2018两年期间，虚拟现实市场资本的热度渐渐消退，但整个行业仍然在快速发展。据IDC数据及预测，2018年全球VR/AR市场规模预计约为137亿美金，同比增长约50%，过去三年中，整个虚拟现实行业均保持了50%以上的高增速，2019年以后预计行业高增长态势将继续保持，全球VR/AR市场规模在2021年有望突破500亿美金。

虚拟现实的商业应用同样在进行不断地开拓，一系列细分产业的发展让VR/AR行业进入落地阶段。按照细分行业的不同，IDC预计2019年市场规模排名前四位的子行业分别是VR游戏（40亿美元）、视频/

影片观看（20亿美元）、商业培训（18亿美元）和AR游戏（6.16亿美元）。从产品端进行分类，硬件将占据AR/VR市场规模的一半以上，紧随其后的是软件与服务。

而2018年我国VR行业市场规模超过百亿，达到108.3亿元人民币，同比增长近1倍。预计未来2年行业市场增速约为106%，在2020年预计达到460亿左右。

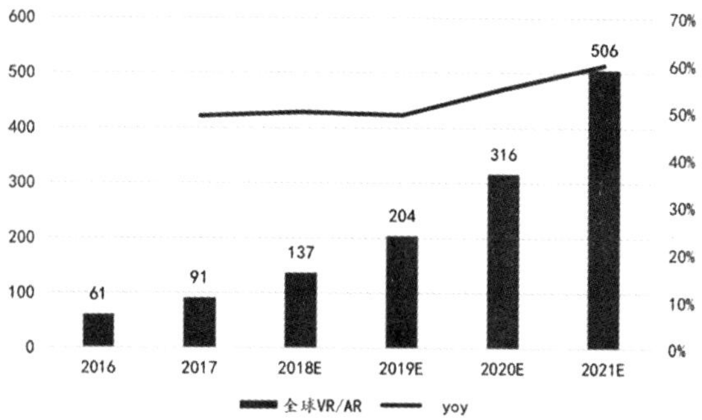

图1　2016-2021年全球VR/AR市场规模（亿美金）及增速（%）

（数据来源：观研天下）[1]

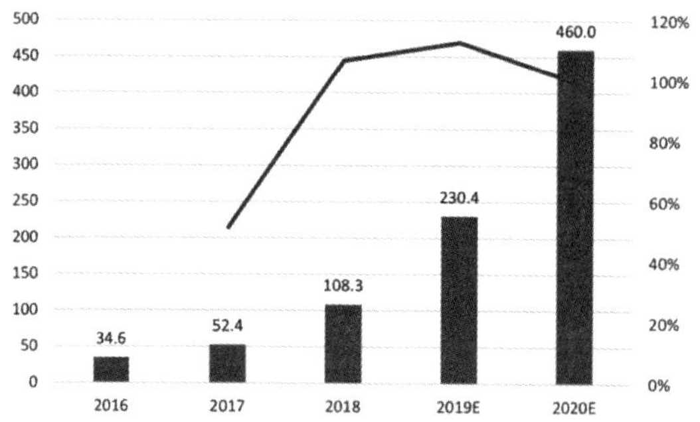

图2　2016-2021年中国VR市场规模（亿人民币）及增速（%）

（数据来源：观研天下）[2]

① 观研天下，《2019年中国VR/AR行业分析报告——市场竞争现状与发展战略评估》，http://baogao.chinabaogao.com/hulianwang/376784376784.html.

② 观研天下，《2019年中国VR/AR行业分析报告——市场竞争现状与发展战略评估》，http://baogao.chinabaogao.com/hulianwang/376784376784.html.

目前的国际虚拟现实市场主要由欧洲和美国的企业主导。Markets and Markets于2018年在《增强现实和虚拟现实市场》报告中表示：位于日本、中国、印度以及韩国这样的亚太经济合作组织国家的公司将快速成长，改变市场格局，它们会发展出自己的AR业务。“考虑到大多数显示器面板制造商都集中于亚太地区，再加上资方对于该项技术投资的加大，因此亚太地区或将成为VR/AR技术最发达的地区，未来某些VR/AR相关新技术很有可能源于此地。”[①]

二、中外VR产业融资状况及产业结构

在融资领域方面，2018年全球VR/AR融资集中在行业应用（占比37.39%）、VR技术（17.36%）以及VR硬件（13.27%），VR内容（9.28%）和VR平台（1.33%）在投资结构中则处于弱势。而我国VR/AR产业已经初具规模，作为全球VR/AR零部件的采购和组装中心，中国本土拥有大量VR/AR硬件制造商、5000多家VR/AR街机店、电影院和体验中心，应用生态建设也逐步完善，但硬件设备仍占据较大的市场规模，VR内容市场规模较小。

在融资金额方面，2017年全年，全球VR/AR行业融资额31.8亿美元，融资笔数217笔。到了2018年，全球融资总额为32亿元，同比仅小幅增长1%，而融资笔数仅151笔，与2017年相比大幅降低58%，我国的VR/AR行业投融资事件数目同样在2018年呈现出9.6%的降幅，说明2018年虚拟现实产业投融资多为单笔大额支出，资金正在向VR/AR行业的头布聚集，VR/AR行业已经从泡沫期过度至冷静期。

① 三极光科技，《AR行业成本拆解解析》，https://mp.weixin.qq.com/s/f_gUwCDtWLGuD5H-Gp04_A.

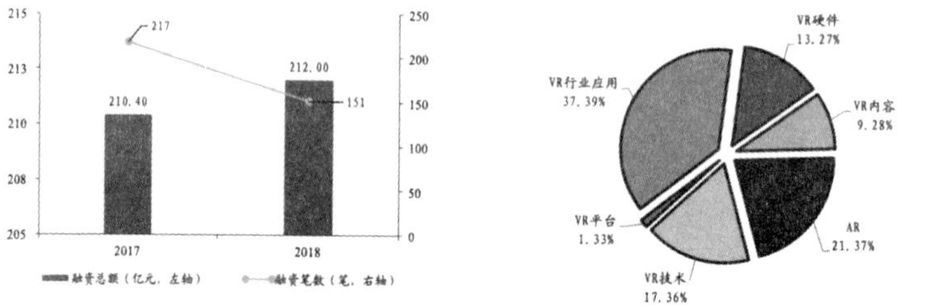

图3　2018年全球VR/AR融资规模及领域分布

（数据来源：VR陀螺）①

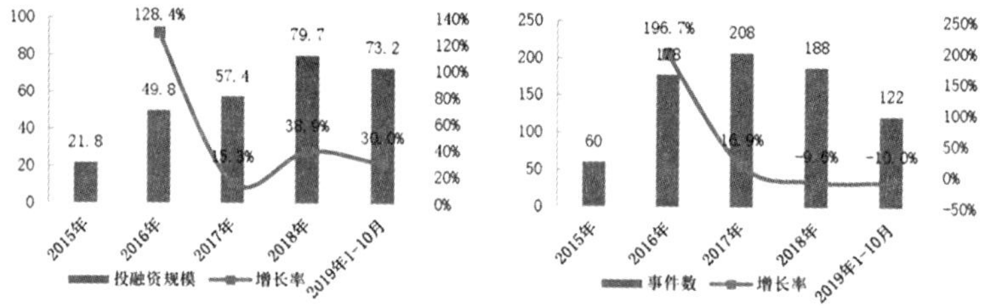

图4　2015-2019年1-10月中国VR/AR投融资规模及事件数

（数据来源：赛迪智库）②

三、中外VR头显设备出货量

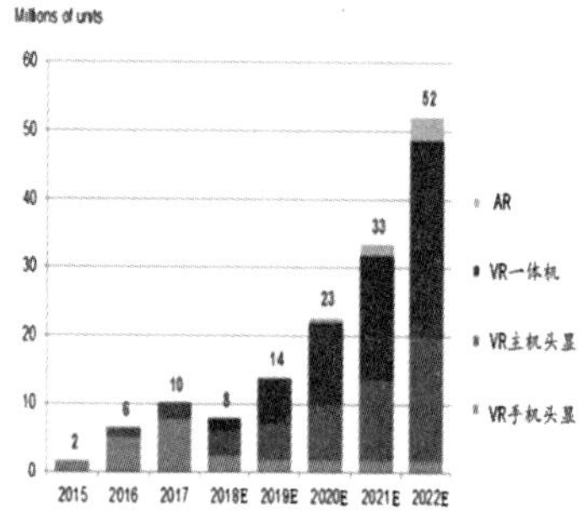

图5　2018-2022年全球AR/VR各形态出货量

① VR陀螺，《2019年VR/AR行业融资数据报告》，https://www.vrtuoluo.cn/516142.html.

② 赛迪智库，《虚拟现实产业发展白皮书（2019年）》，http://www.docin.com/p-2269167472.html.

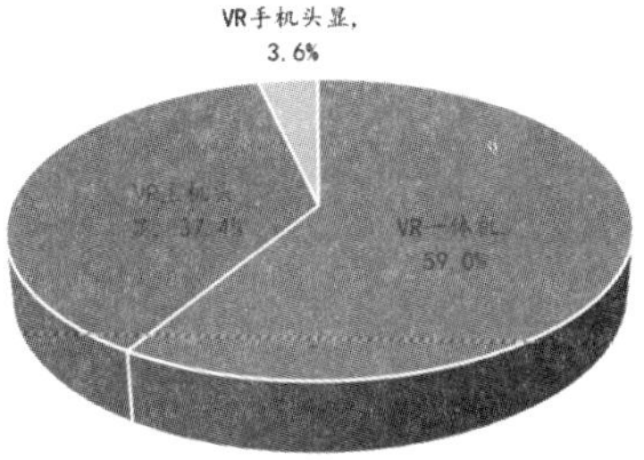

图6　2023年全球VR出货量占比预测

（图33&34数据来源：IDC）①

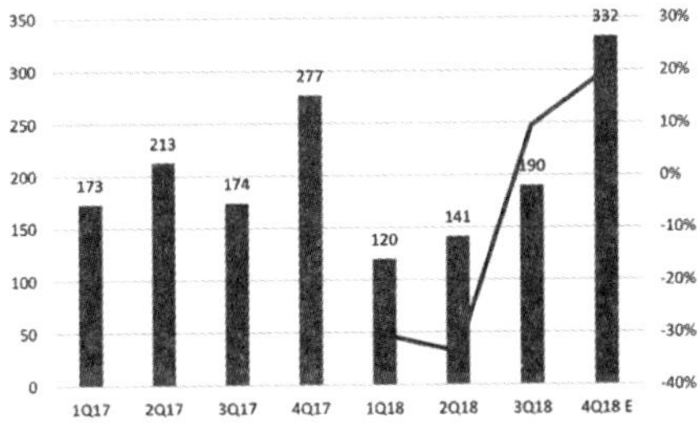

图7　2017-2018年全球VR设备季度出货量（万台）

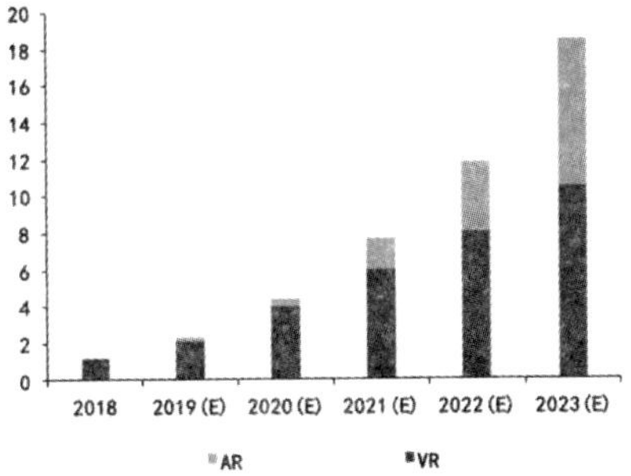

图8　2018-2022年中国AR/VR终端出货增长迅速（百万台）

（图35&36数据来源：IDC）②

① 《Asia/Pacific Greater China Carrier Equipment Spending Analysis 2016–2018 and Forecast 2019–2023》：https://www.idc.com/getdoc.jsp?containerId=AP44766419.

② 《Asia/Pacific Greater China Carrier Equipment Spending Analysis 2016–2018 and Forecast 2019–2023》：https://www.idc.com/getdoc.jsp?containerId=AP44766419.

2017年全年VR头戴设备出货量约为836万台，进入2018年前两个季度出货量遭遇了30%的下滑，但是从2018年第三季度开始复苏，全球第三季度出货量接近190万台。IDC预计未来5年行业出货量将保持高增速，2022年全球VR和AR设备出货量将达到6590万台。在虚拟现实头显设备出货数量的发展中，VR一体机优势尽显，根据CCS Insight预测，2018年至2022年，全球VR一体机需求量将增长16倍；根据IDC预测，到2023年全球VR一体机将占据市场出货量的59%。

与全球头显设备先减后增的趋势不同，2018年我国国内头显设备市场总出货量呈现延续增长态势，其中AR以及VR头显设备出货量分别达到3.2万台以及116.8万台，桌面头显以及独立头显设备市场保持快速发展，而无屏头显形态逐渐失去市场主导地位。IDC预测，到2023年中国VR头显设备出货量将突破1050.1万台。

第二节　中外VR专利申请量对比

从全球范围来看，在过去五年间，虚拟现实和增强现实技术不断更新迭代，进入快速发展期，专利数量稳步增长。2014年，VR/AR领域专利申请数量仅1.36万份，而到2018年已经达到3.21万份，四年内成倍增长。从地域来看，美国、中国、欧洲及日本是目前专利申请总量最多且市场前景比较广阔的国家。

2000年前，VR/AR领域的专利主要来自于美、欧、日等国。我国自2013年起开始进入专利数量快速增长期，截至2018年，中国专利申请总量超过1.8万件，仅次于美国。2017-2018年间，我国新增专利数量超越美国，跃居年度申请量第一位。

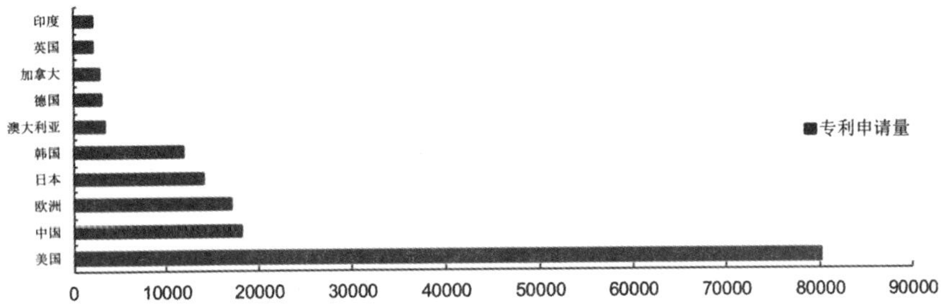

图9 2010-2018年全球AR/VR专利申请量

（数据来源：IAM Media）①

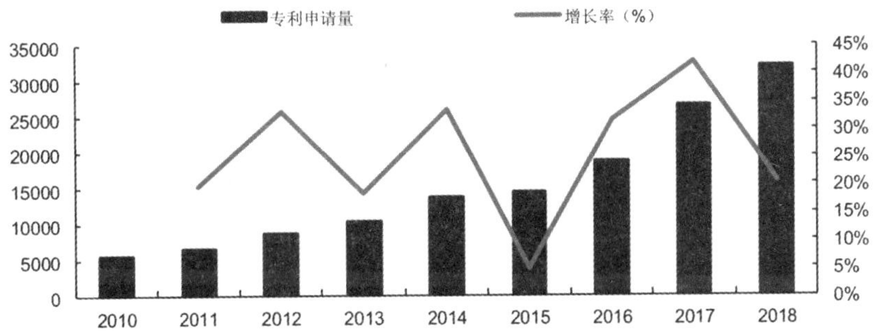

图10 2010-2018年各国专利申请总量

（数据来源：IAM Media）②

第三节 中外VR政策对比

美国是最早研究虚拟现实技术的国家，也是最早对虚拟现实产业进行政策支持的国家，而欧盟、日本、韩国等国家和地区则相对较晚一些，基本都在2014年以后才开始陆续出台相应的支持政策，根据其政策内容，可见产业发展较早的美、英等国家的虚拟现实政策多集中在军事国防领域，而韩国等后期发展的国家则以多领域应用为基础来制定相关

① 映维网：https://yivian.com/news/55870.html.

② 映维网：https://yivian.com/news/55870.html.

政策。

表1　全球各国有关虚拟现实政策举例

国家	政策发布
美国	1995年，美国国防部制定了“建模与仿真总体规划”，虚拟现实作为其中的关键技术得到重点支持。
	2000年，美国能源部制定《长期核技术研发规划》，明确提出重点开发、应用和验证虚拟现实技术。
	2006年，美国国防部发布“建模与仿真总体规划采购计划”，旨在充分利用建模与仿真技术为国防服务。
	2008年，美国国家工程院公布“21世纪工程学面临的14项重大挑战”报告，虚拟现实技术是其中之一。
	2017年，多位美国国会议员宣布联合组建虚拟现实指导小组，旨在确保国会对虚拟现实产业发展的支持与鼓励。设立有关虚拟现实的研究项目，如卫生与福利部、教育部分别开展虚拟现实在心理疾病、中小学教育的试点示范。
欧盟	2014年，“地平线2020”计划中列出信息与通信技术领域的37个资助项目，有4个项目涉及智能人机交互，其中涉及虚拟现实的项目资助金额达数千万欧元。
英国	2017年，国防部《2017国防技术战略》提出加快利用虚拟现实等技术，制造军用飞机，降低成本，加快制造流程。
日本	2017年，内阁会议发布《科学技术创新综合战略2017》，在“第五期科学技术基本计划（2016-2020）”的基础上，确定2017-2018年将采取的重点措施，提出打造超级智能社会，强化人工智能、网络技术、大数据分析等与虚拟空间相关的基础技术研发。
韩国	2016年，韩国政府计划未来5年内投资4050亿韩元（约合2亿4000万人民币）专项基金，用于培育国家九大重要战略项目之一的虚拟现实产业。未来创造科学部计划在游戏体验、主题公园、影院立体放映、教育流通、娱乐等领域，支持有潜力的企业开发虚拟现实服务与产品，运营400亿韩元规模的虚拟现实专门基金，在首尔麻浦区上岩洞周围打造虚拟现实产业区，持续举办“韩国虚拟现实节”等活动。

我国VR技术的研究起步于20世纪90年代初，虽然起步较晚，但国家对于VR产业的发展非常重视。在《国家中长期科学和技术发展规划纲要（2006-2020年）》中，VR技术被列入信息技术领域需要重点发展的3项前沿技术之一。此外，VR技术也受到国家高技术研究发展计划（863计划）、国家自然科学基金的重点支持。

近两年来，在国家宏观经济调结构的大背景下，我国虚拟现实产业发展迎来中央及地方新一轮政策加码。2018年年底，工信部发布《关于加快推进虚拟现实产业发展的指导意见》，明确到2020年建设若干个产业技术创新中心，2025年形成若干具有较强国际竞争力的骨干企业。各地方政府也正在加快相关产业布局，纷纷出台专项产业政策，目前已有十余地市相继发布针对虚拟现实领域的专项政策。

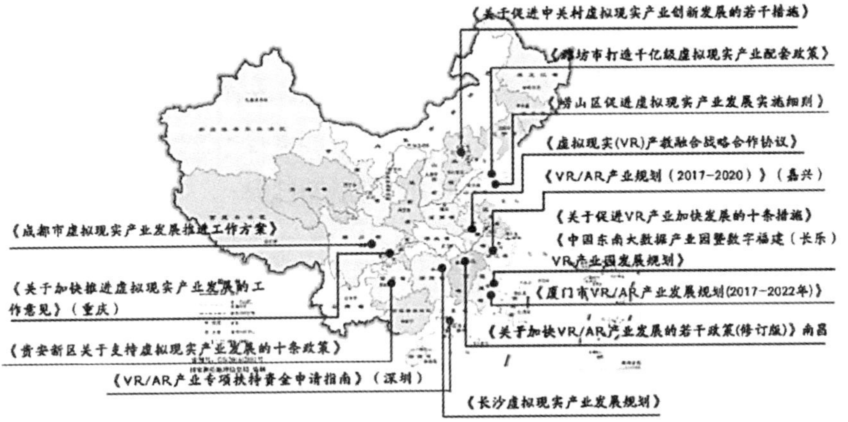

图11 我国各地VR产业政策情况

（资料来源：信通院）[①]

第四节 中外VR产业对比总结

在国际市场，无论中外从业者，都无比认同虚拟现实技术的未来价值："虚拟现实技术被认为是下一代通用技术平台和下一代互联网的入口，是引领全球新一轮产业变革的重要力量和经济发展的新增长点，它将撬动上万亿元的新兴市场。"[②]从VR全球生态的完善度来看，强大的

① 中国通信院，《中国信通院：2018年中国虚拟现实应用状况白皮书》，http://www.100ec.cn/detail--6473908.html.

② 《数字娱乐产业蓝皮书：中国虚拟现实产业发展报告(2019)》，https://www.pishu.cn/zxzx/xwdt/541562.shtml.

未来导向和发展机遇使得欧美国家巨头公司纷纷试水，巨头拥有雄厚的财力、人力、物力，不置可否处于更高的起点，因此，在虚拟现实产业发展的前期阶段，我国企业和从业者曾长期扮演着跟随者的角色。

然而，随着我国自主研发进程的不断加快，虚拟现实产业在中国市场渐渐抢占了更多的先机，无论是在技术开发领域，还是应用消费领域，甚至政策的规制与扶持，都能感受到虚拟现实逐步普及化、大众化和生活化的脚步。如此强劲的发展势头预示着我国虚拟现实不仅孵化着全球最大终端销售及产出的消费市场，还有望将软件内容的消费逐步发展为消费主体。但随着行业进入理性发展阶段，在技术与市场高歌突进的同时，仍然面临着行业发展标准的确立、相关技术伦理的讨论、以及互联网应用新的卖点等问题如何解决的问题和挑战。

第五章

中国VR体验店地域发展比较研究报告

第一节　研究目的和研究方法

一、研究目的

自2015年底以来，VR概念在百度热搜指数迅速上升。2016年，在Oculus、HTC、索尼等国内外知名公司的推动下，VR产品以其新鲜的内容和交互方式、亲民的价格在市场上引起了广泛的注意。在资本的支持下，我国VR行业进入爆发式成长期，这一年也被称为VR元年。然而，尽管VR行业短时间内吸引了大量资本涌入，但在随后长期的摸索实践中，该行业并没有形成一种成熟的盈利模式支持其平稳有效运转，这时线下VR体验店应运而生。线下VR体验店让人们在实体场景中体验VR技术给人带来的乐趣，为普通消费者提供体验VR技术的便捷入口，也是在为VR行业寻求新的变现途径。据不完全统计，2016年有超过3000家VR体验馆开业，VR体验馆正在发展成为中国重要的娱乐产业之一。但在经历资本寒冬之后，VR体验馆由于销售收入情况并不乐观，经历了一波关闭潮。根据《中国VR体验店现状白皮书》显示，2016年全国开业的3000家VR体验店中，实现盈利的仅三成。但线下VR体验店作为向普通消费者展示VR行业技术发展的窗口，作为培养潜在用户的一种行之有效的方式之一，仍拥有巨大的发展潜力。

线下VR体验店集最新的VR技术、产品投入、用户消费为一体，其发展与当地的经济文化发展水平息息相关。据报告指出，目前我国的线下VR体验店的发展模式主要采取从一线城市为中心，逐步向周边城市扩散的方式。这就意味着城市与城市之间存在着线下VR体验店体验程度的时间差，而这种体验程度上的时间差通过影响不同地区人们对VR技术的接触概率，有可能导致不同地区的人们对VR技术的认知水平、接受程度、使用意愿等方面的差异，对VR行业在该地区的发展有着重要影响，因此了解不同地区的线下VR体验店的发展程度成为一个值得研究的问题。

二、研究方法

1. 数据选择

本研究通过在“美团网”上用“VR”进行关键词搜索获得的商户信息进行数据爬取和研究。“美团网”是目前国内最大的本地生活服务电商平台，平台通过将各地区内的餐厅、KTV、美发店等实体商铺在网站上汇总，并不定期推出优惠的团购价格，使得用户能方便地查找到当地的生活服务场所并以较低的价格完成消费。2015年10月8日，国内领先的第三方消费点评平台大众点评网与美团网达成战略合作，将原先两者平台和垂直自营的两种不同的运营模式合二为一，弥补了各自的短板，新公司“美团点评”也因此成为国内O2O领域最大的生活服务平台。2015年，美团点评年度活跃买家2亿，合作商家达300万户，覆盖中国1200多个城市。2019年10月8日，美团点评的市值达5162亿港元，成为仅次于阿里巴巴和腾讯的中国第三大互联网公司。由于其商户数据覆盖面大、全面性高，故选取“美团网”中用“VR”作为关键词搜索得到的商户结果进行数据抓取。

2. 数据采集

本次研究仅针对我国大陆地区城市进行数据采集。我国共有34个省级行政区域，除去香港和澳门2个特别行政区和台湾省，共有31个省级行政区域。由于每个省级行政区的省会一般为该省的政治、经济、科教、文化、交通中心，是我国一级行政区，因此除去北京、天津、上海、重庆4个直辖市外，其余27个省、自治区均选取其省会城市作为研究对象。另外，考虑到一些发达地区的区域连锁效应，根据第一财经·新一线城市发布的2019年《城市商业魅力排行榜》，深圳、苏州、东莞、青岛、宁波这5个一线、新一线非省会城市也被纳入研究对象中。因此，本次数据采集的对象包含国内36个城市，包括4个直辖市、27个省会城市和5个入选一线、新一线的非省会城市。

本次信息爬取的时间为2019年10月，采集的商家信息包括商家名称、人均价格、地理位置、评分、评价数5项。

进过初步数据爬取，共获得来自36个城市的3349条“VR”相关线下商家的数据，之后经过人工遍历的方法，剔除737条无效数据，即实际获得36个城市内2612条VR线下体验店商家的数据。

第二节　2018–2019年各城市VR产业发展比较

在全国选取的36个城市样本中，平均每个城市拥有线下VR体验店的数量为72.56个，拥有线下VR体验店数量超过均值的城市有14个（上海、北京、成都、广州、西安、重庆、深圳、天津、武汉、石家庄、南京、长沙、郑州、沈阳），低于研究样本总数的一半；拥有线下VR体验店超过100家的城市有9个，是研究样本总数的1/4；拥有线下VR体验店少于50家的城市有15个，接近研究样本总数的一半。因此从总体上看，我国线下VR体验店行业发展程度较低，普及程度还有待提高，且各城市发展情况不均衡。

从每个城市拥有的线下VR体验店数量来看，拥有数量最多的是上海（177家），其次是北京（172家）；拥有数量最少的是拉萨（4家）。图1和图2分别为拥有线下VR体验店数量最多和最少的10座城市。

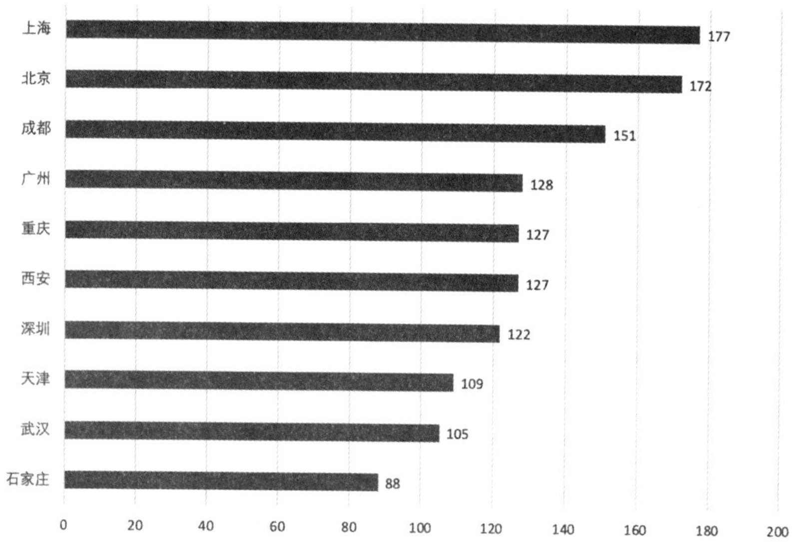

图1　2019年拥有线下VR体验店最多的10座城市

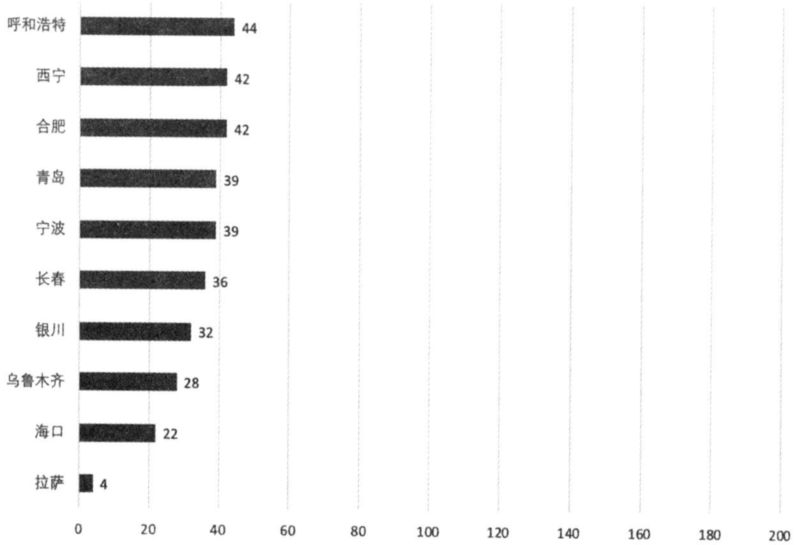

图2　2019年拥有线下VR体验店最少的10座城市

与2018年拥有线下VR体验店数量最多的前十名城市相比，上海、北京、成都、广州、重庆、西安、深圳、天津、武汉9座城市仍然雄踞前九位，除北京拥有的线下VR体验店数量相比2018年从第9位上升至第2位之外，其他8座城市排名变化不大，可以看出在2018–2019年期间，北京的线下VR体验店产业发展十分迅猛。2019年石家庄拥有的线下的VR体验店数量排在第10位，相比2018年有大幅提升；而2018年拥有线下VR体验店数量位于第10位的沈阳在2018–2019年间线下VR体验店产业却大幅缩水，发展水平进入省会城市中等偏后的水平。另外，虽然上海在两年中拥有线下VR体验店数量均位居第一，但相比2018年，其数量却发生锐减，可能是在短暂的泡沫繁荣过去之后，行业内进行了优胜劣汰的兼并和重组，也侧面反映了该行业发展的不稳定性。

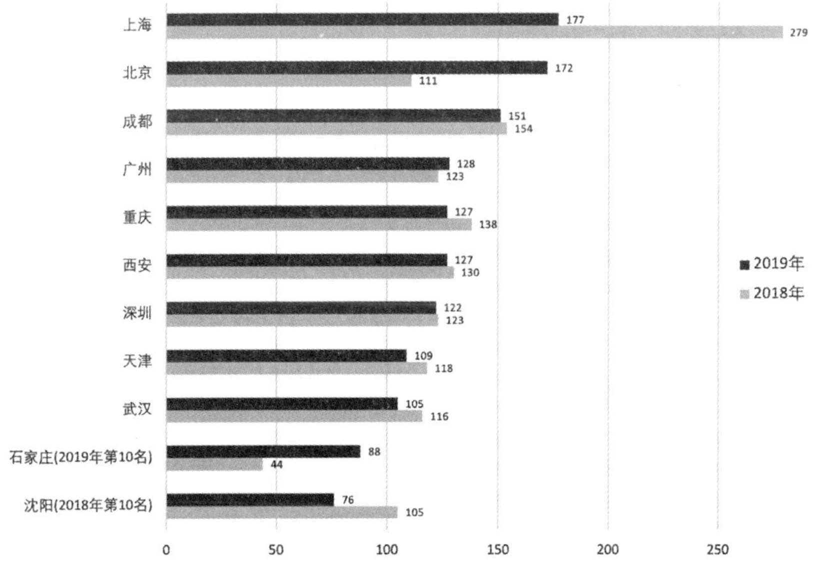

图3 2019年与2018年拥有线下VR体验店最多的10座城市对比

另外，在5座一线、新一线非省会城市中，除深圳（122家，位列第7）拥有的线下VR体验店较多外，其余四座城市苏州（49家）、东莞（62家）、青岛（39家）、宁波（39家）拥有的线下VR体验店数量上均不尽如人意，说明尽管这四座城市已经有了良好的政治经济基础和城市中心辐射影响力，但线下VR体验店发展尚与其政治经济发展步伐不相匹配，这些城市将成为线下VR体验店发展的潜力城市。

第三节　2018-2019年各地域VR产业发展比较

按照中国地理区划划分原则，我国一般分为华中、华北、华东、华南、西北、东北、西南七大地理地区。本次研究的城市共有36个，包括华中地区3个（郑州、武汉、长沙）、华北地区5个（北京、天津、太原、石家庄、呼和浩特）、华东地区10个（上海、南京、杭州、合肥、福州、南昌、济南、青岛、苏州、宁波）、华南地区5个（广州、海口、南宁、深圳、东莞）、西北地区5个（西安、兰州、西宁、银川、乌鲁木齐）、东北地区3个（哈尔滨、长春、沈阳）、西南地区5个（重庆、成都、贵阳、昆明、拉萨）。

本次研究共获取有效数据2612条，平均每个地区拥有的线下VR体验店为373家，其中以华东地区（669家）拥有的线下VR体验店数量最多，东北地区（171家）拥有数量最少。由于每个地区包含的城市数目不同，因此选取各地区内每个城市拥有的VR体验店的平均数量作为衡量各地区线下VR体验店发展水平更为合理。每个城市拥有的线下VR体验店的平均数量最多的是华北地区（91.8家），远高于每个城市拥有体验店的平均数量（72.56家），华中地区（89.67家）紧随其后位列第二。每个城市拥有的线下VR体验店的平均数量最少的是西北地区，平均每个西北地区城市仅拥有线下VR体验店55家。

与2018年各地区内平均每个城市拥有的线下VR体验店数量相比，华北、华中、华南、西北地区线下VR体验店产业发展势头良好，数量有大幅提升；西北地区线下VR体验店产业发展平稳，2019年平均每个城市拥有线下VR体验店数量基本与2018年持平；华东地区线下VR体验店产业发展平稳，但数量有些许下滑，可能与上海地区线下VR体验店数量锐减有关；而东北地区平均每个城市拥有的线下VR体验店数量锐减，线下VR体验店产业受到明显的冲击。图4为2018年与2019年各地区内平均每个城市拥有的线下VR体验店数量排名及对比情况。

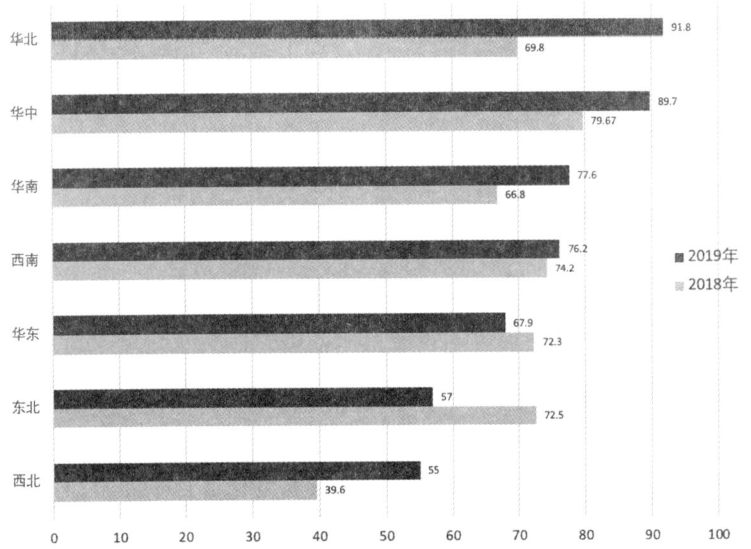

图4　2018年与2019年各地区内平均每个城市拥有的线下VR体验店数量排名及对比情况

华北地区包括5个城市（北京、天津、太原、石家庄、呼和浩特），共拥有线下VR体验店459家。平均每个城市拥有线下VR体验店91.8家，居七大地理行政区域之首。其中北京（172家，第2位）、天津（109家，第8位）、石家庄（88家，第10位）三个城市拥有线下VR体验店数量均进入城市排名前十，而太原（46家）、呼和浩特（44家）二城线下VR体验店发展相对较为滞后。

华中地区包括3座城市（郑州、武汉、长沙），共拥有线下VR体验店269家。平均每个城市拥有线下VR体验店89.7家，在七大地理行政区域中位列第二。3座城市拥有的线下VR体验店数量也位居前列，武汉（105家）排第9位，长沙（83家）排12位，郑州（81家）排13位。

华南地区包括5座城市（广州、海口、南宁、深圳、东莞），共拥有线下VR体验店388家。平均每个城市拥有线下VR体验店77.6家，在七大地理行政区域中位列第三。华南地区线下VR体验店整体发展良好，广州（128家，第4位）、深圳（122家，第7位）二城拥有线下VR体验店数量均位列前十，但海口（22家）的线下VR体验店发展程度较差，数量之少仅次于拉萨（2家）。

西南地区包括5座城市（重庆、成都、贵阳、昆明、拉萨），共拥有线下VR体验店381家。平均每个城市拥有线下VR体验店76.2家，在七大地理行政区域中居第四位。西南地区线下VR体验店发展水平不太均衡，成都（151家，第3位）、重庆（127家，第6位）二城拥有的线下VR体验店数量均跻身前十，而贵阳（54家，第20位）、昆明（45家，第26位）、拉萨（4家，第36位）三地拥有的线下VR体验店数量都处于样本城市排名尾部。

华东地区包括10个城市（上海、南京、杭州、合肥、福州、南昌、济南、青岛、苏州、宁波），共拥有线下VR体验店669家。平均每个城市拥有线下VR体验店67.9家，在七大地理行政区域中位列第五。华东地区内各城市线下VR体验店发展极不平衡，前有上海（177家，第1位）、南京（87家，第11位）、南昌（69家，第15位）、杭州（68家，第16位）等城市拥有的线下VR体验店数量位于前列，后有宁波（39家，第31位）、青岛（39家，第31位）、合肥（42家，第29位）等城市处于排名后十位，整体两极分化状态较为严重。

东北地区包括3座城市（哈尔滨、长春、沈阳），共拥有线下VR体验店171家。平均每个城市拥有线下VR体验店57家，在七大地理行政区域中位居倒数第二位。东北地区线下VR体验店整体发展水平不高，而长春（36家，第32位）是东三省省会城市中拥有线下VR体验店最少的一个。

西北地区包括5座城市（西安、兰州、西宁、银川、乌鲁木齐），共拥有线下VR体验店275家。平均每个城市拥有线下VR体验店55家，在七大地理行政区域中居末位。西北地区可能由于深居内陆地处偏僻，线下VR体验店的发展水平相对落后，除西安（127家，第5位）外，其余四城乌鲁木齐（28家，第34位）、银川（32家，第33位）、西宁（42家，第28位）、兰州（46家，第24位）均处于排名末端，西北地区的线下VR体验店发展水平还有很大的发展空间。

总体来看，华中地区城市线下VR体验店发展均衡且位于前列，东北、西北地区线下VR体验店发展情况较差，而华北、华南、西南、华东地区线下VR体验店发展情况极不均衡，呈现两极分化的局面。

第四节　人均消费价格的地域性分析

线下VR体验店能生存下来的根本就是消费者，没有消费者，线下VR体验店也无法生存，而人均消费价格则是影响消费者在线下VR体验店消费的重要因素之一。因此本研究对线下VR体验店的“人均消费价格”标签进行了数据采集，对比之后发现在线下VR体验店的人均消费价格上确实存在一些地域差异。但由于很多商家——尤其是线下VR体验店发展不发达的城市的商家——未注明人均消费价格，因此结论可能具有一定片面性，仅供参考。

在所研究的36座城市中，一家线下VR体验馆的人均消费价格为77.65元。人均消费价格超过平均数的城市仅有6个（北京、上海、深圳、长沙、杭州、哈尔滨），其中北京的线下VR体验馆人均消费为118.67元，位列第一，上海（106.36元）位列第二。线下VR体验馆的人均消费最低的城市为昆明，人均消费仅为18.7元，其次是拉萨（30元）。人均消费价格在40–70元之间的城市有18个，正好为研究城市样本总数的一半，可以较为真实地反映我国目前线下VR体验店人均消费水平。因此从总体上来看，我国线下VR体验店的单次体验价格集中在40–70元区间内，是比较亲民的；但人均消费价格受城市自身生活消费水平的影响较大，经济和娱乐产业发展较快的区域人均消费价格越高

（例如北京、上海、深圳、杭州），而经济发展水平较低的城市人均消费价格偏低（例如昆明、拉萨、呼和浩特）。由此也可以看出线下VR体验店的人均消费价格与当地的经济发展水平和居民消费水平较为一致，因此不同城市间不均衡现象较明显。

从地理区域划分来看，线下VR体验店人均消费最多的是华北地区（91.16元），其次是华东地区（83.43元）。而线下VR体验店人均消费最少的是西北地区（52.43元），其次是西南地区（66.84元）。图5为各地区线下VR体验店人均消费价格的排名情况。

需要注意的是，虽然华北、华东地区的线下VR体验店人均消费价格最高，但由于该地区内的各城市线下VR体验店发展情况极不均衡，部分城市线下VR体验店的消费水平仍然很低（如华北地区的呼和浩特〈32.36元〉、华东地区的南昌〈45.43元〉等）。而西北、西南地区虽然地区内城市间线下VR体验店数量发展也不均衡，但其人均消费价格整体偏低，最高的人均消费只有重庆的69.31元，略低于平均人均消费价格（77.65元）。

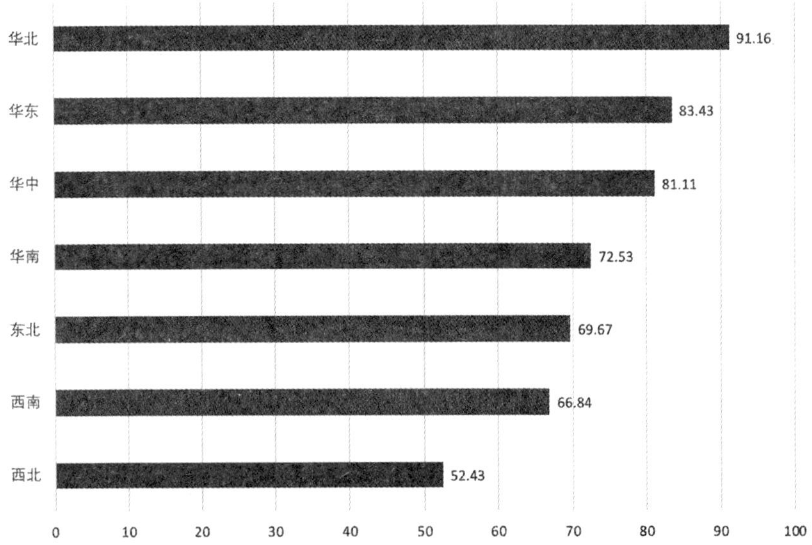

图5　各地区内线下VR体验店人均消费价格排名

第五节　基于点评数据的消费者反馈地域性分析

一、店铺评分的地域性分析

对上架商家进行评分是“美团网”所提供服务中的重要一部分，消费者进店消费后可根据自己的感受在“美团网”上对商家进行评分，因此平台上店铺的评分在一定程度上客观反映了消费者对该店铺所提供服务的满意程度。本研究对所有抓取的线下VR体验店的评分进行了数据采集，从中能反映出消费者对各城市、地区线下VR体验店提供服务的满意程度，从而在一定程度上推断各城市、地区线下VR体验店的服务质量。但由于商家因为新店开业或其消费者不习惯使用评分功能等多种原因，很多商家在“美团网”上并没有显示评分，因此结论有一定局限性，仅供参考。

对于获取的2612家线下VR体验店，平均评分为3.98，即评价为“不错”。所有36个城市中，线下VR体验店平均评分最高的是呼和浩特（4.45），其次是兰州（4.44）；而线下VR体验店平均评分最低的是海口（3.57），其次是宁波（3.65），即36个城市中消费者对线下VR体验店的整体评价在“一般”到“较好”之间，说明消费者对线下VR体验店提供的服务质量整体来说比较满意。

从地理区域划分来看，线下VR体验店平均评分最高的是西北地区（4.12），而平均评分最低的是华东地区（3.87）。图6为各地区内线下VR体验馆的平均评分的排名情况。

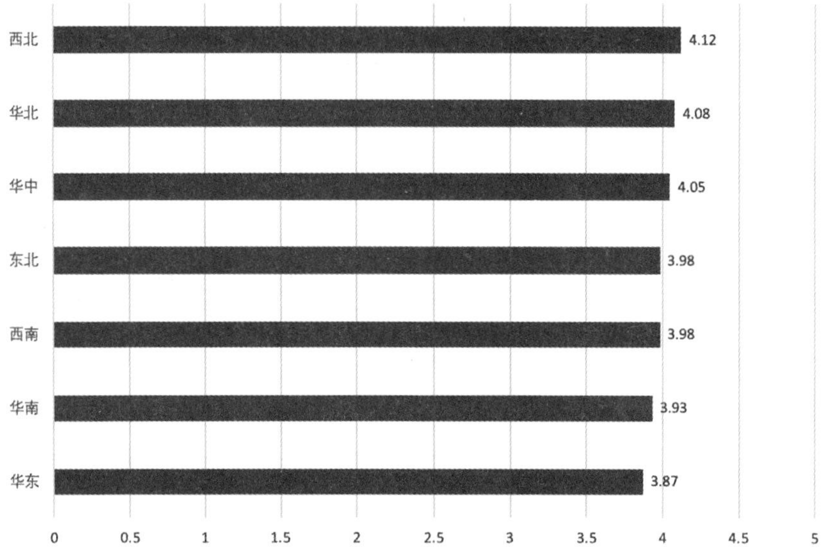

图6　各地区内线下VR体验馆平均评分排名

对线下VR体验店的平均评分与该地区拥有的线下VR体验店的平均数量做相关性分析发现，线下VR体验店平均评分的高低与所在城市或地区拥有体验店的数量无关，即线下VR体验店的服务质量与该城市或地区拥有体验店的数量没有明显负相关关系（–0.540）。对于这种现象存在几种可能的解释，一是当一个城市内线下VR体验店数量较少时，为吸引特定的受众，会存在几家服务较好的线下VR体验店，人们去这几家店的消费更为集中，因此评分的人数较多，评分也因为其良好的服务质量而偏高。但也有可能是因为线下VR体验店较少的地区，人们对VR认知程度不够，因此对VR体验店的服务要求比体验店较多的地区相对较低，因此评分相对比较宽容。

二、店铺评论数和评论率的地域性分析

"美团网"中的"评论数"这一标签在一定程度上可以反映到店消

费人次，即店铺的投入使用程度。本研究爬取线下VR体验店的评论数作为源数据，并定义“评论率”为该城市/地区评论数非0的线下VR体验店占该城市/地区线下VR体验店总数的百分比，用以描述该城市/地区线下VR体验店真正投入使用的效率。同样地，评论数为0受很多其他因素影响，因此结论有一定片面性，仅供参考。

研究发现，在所选取的36个城市样本的2612家线下VR体验店中，评论数超过1000的仅有10家，评论数超过500的仅有43家，评论数超过100的仅有266家，一定程度上说明人们选择到线下VR体验店的体验率较低。在评论数超过500的43家体验店中，有12家位于华中地区（武汉8家），11家位于西南地区，6家位于华南地区，5家位于东北地区，而华东、华北、西北地区各有3家。

从评论率来看，平均评论率为33.81%。评论率超过平均评论率的城市有14个（拉萨、呼和浩特、合肥、重庆、武汉、兰州、太原、广州、西安、上海、长春、北京、乌鲁木齐、沈阳），低于全部城市样本数量的一半，说明我国线下VR体验店真正投入使用的效率总体偏低。其中拉萨的线下VR体验店评论率最高，为75%，即虽然拉萨仅有4家线下VR体验馆，但其中3家都是消费者经常光顾的体验店，其线下VR体验店的利用率较高。宁波（13.16%）的线下VR体验店评论率最低，其次为西宁（14.29%）。

从地理区域划分来看，评论率最高的是华中地区（37.92%），其次是华北地区（37.69%）。评论率最低的是华东地区（27.95%），其次是华南地区（32.22%）。图7为各地区线下VR体验店评论率的排名情况。

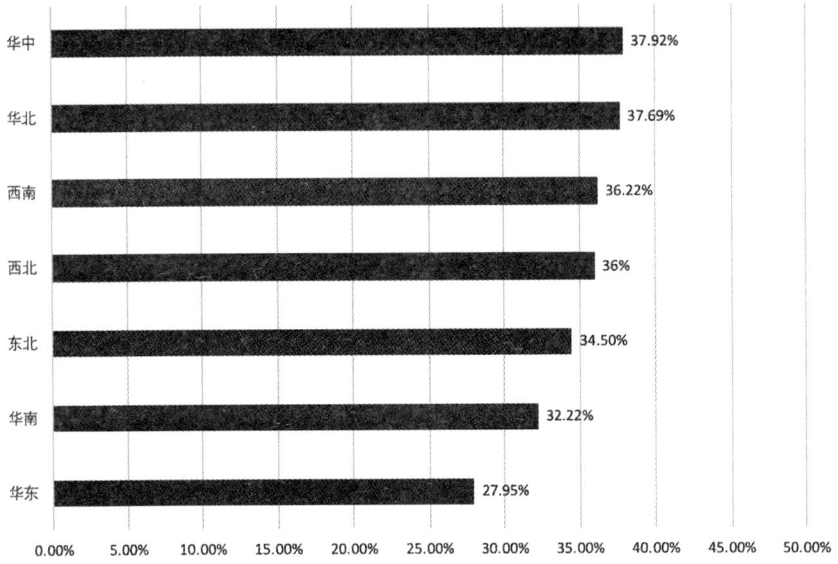

图7　各地区线下VR体验店评论率排名

第六节　研究结论

本研究通过对“美团网”上来自36个城市的2612家线下VR体验店的数据进行分析，发现了线下VR体验店在发展上的一些地域性差异。从整体上看，线下VR体验店的发展水平东部优于西部，南方优于北方。从拥有线下VR体验店的数量来看，华北、华中地区平均每个城市拥有的体验店数量最多，而西北、东北地区体验店数量最少。华东地区内，虽然上海的线下VR体验店数量以177家领跑，但平均每个城市拥有的体验店数量落于后位。华中地区线下VR体验店数量水平较为均衡且处于七大地区前列，东北、西北地区线下VR体验店数量水平较为落后，而华北、华南、西南、华东地区线下VR体验店数量发展极不均衡，呈现两极分化的局面。从城市来看，沿海城市拥有线下VR体验店的数量普遍优于内陆城市，一线城市拥有线下VR体验店数量水平居于

36个城市前列，而新一线城市拥有线下VR体验店数量较为落后。由于新一线城市在政治经济能力和影响力上已经有一定的基础，因此在未来很有可能成为线下VR体验店发展的潜力城市。

从线下VR体验店的人均消费价格来看，平均每家线下VR体验店的人均消费价格77.65元，但多数城市中的线下VR体验店人均消费价格在40–70元之间，在人们可以承受的消费范围之内。从地理区域划分来看，东部的消费价格远高于西部，华北、华东地区的人均消费价格超过100元，分列第一第二位。而西北、西南地区的人均消费价格远低于平均值，可见线下VR体验店的人均消费价格与当地的经济发展水平相关。

从线下VR体验店的平均商家评分来看，线下VR体验店数量处于劣势的西北地区最高，而线下VR体验店较多的华东地区平均评分最低。但从数据中没有发现线下VR体验店的服务质量与该城市或地区拥有体验店的数量有明显负相关关系，这种现象的原因还需进一步研究探讨。

从线下VR体验店的评价数和评价率来看，评价数超过100的线下VR体验店仅有266家，仅占全部2612家线下VR体验店的10.18%，说明尽管我国线下VR体验店数量众多，但真正使用率还亟须提升。从城市来看，拉萨、呼和浩特等拥有线下VR体验店数量较少的城市和地区评价率反而较高，可能是在这些地区虽然线下VR体验店数量较少，但人们去光顾的店铺较为集中，店铺的投入使用率较高。从地理划分区域来看，拥有线下VR体验店数量较多的华中、华北等地区评论率较高，而拥有线下VR体验店较多的华东地区的评论率却最低，可以看出线下VR体验店的投入使用情况与该城市或地区拥有体验店的数量无明显相关关系。

附录：

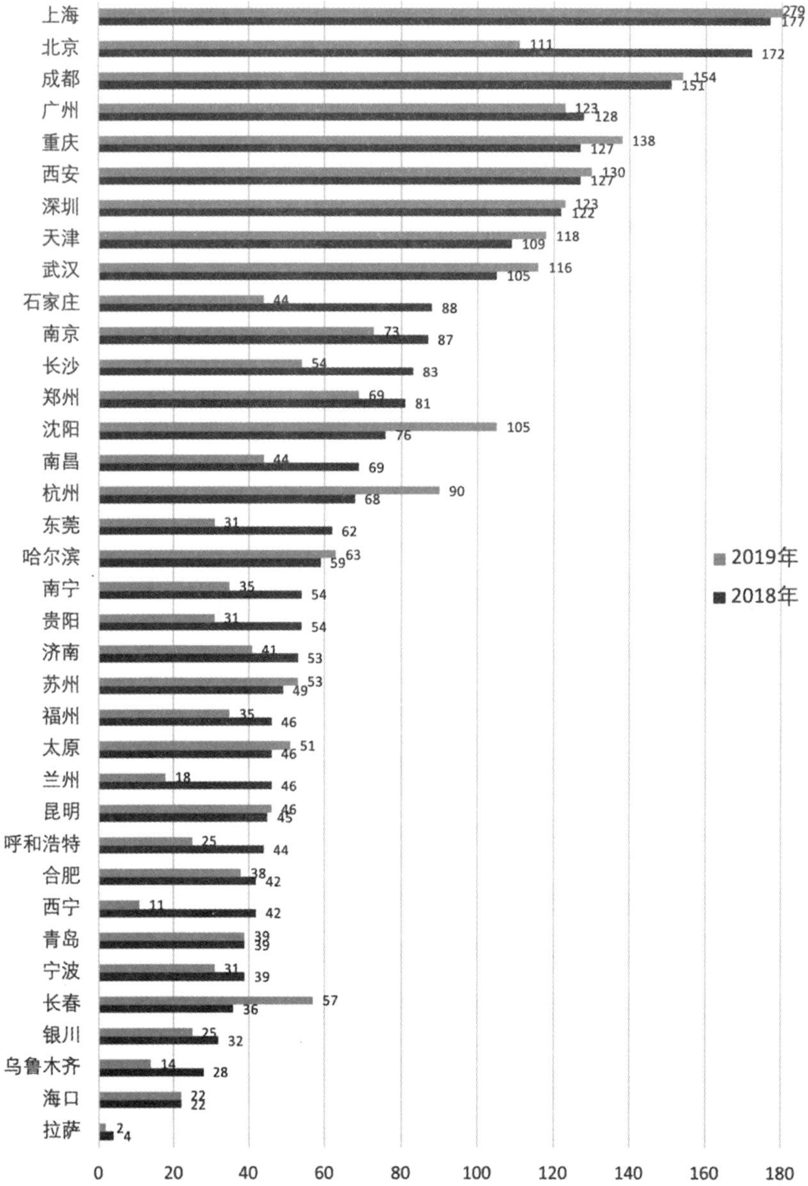

图8 2019年各城市拥有线下VR体验馆数量排名及与2018年对比

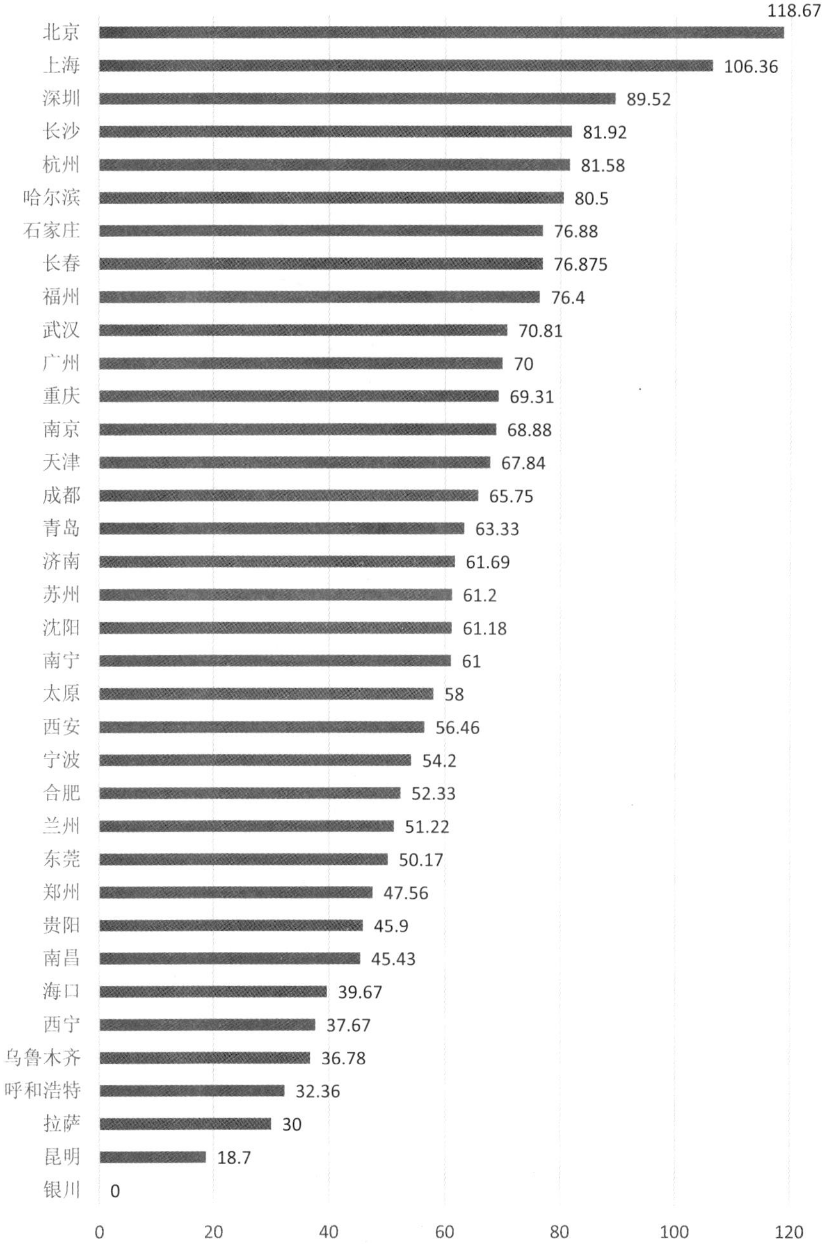

图9 各城市线下VR体验馆人均消费价格排名

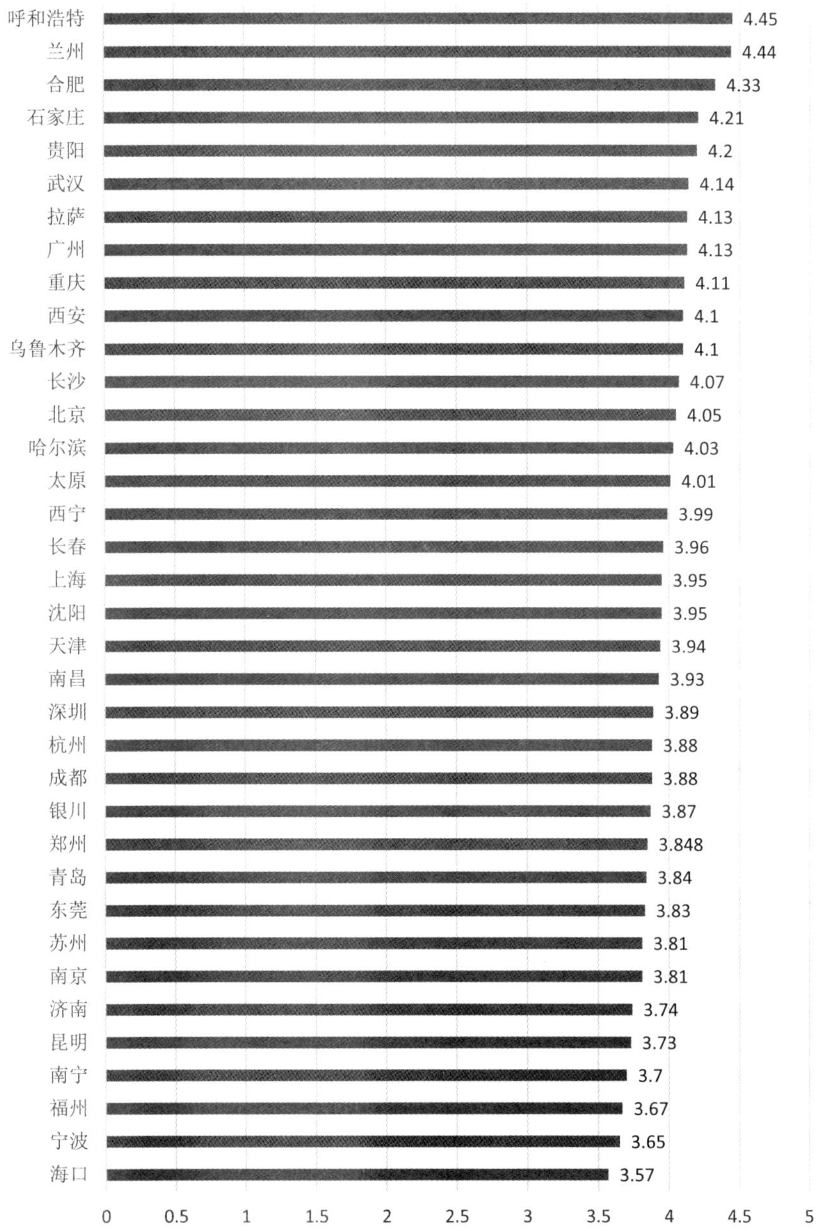

图10　各城市线下VR体验馆平均店铺评分排名

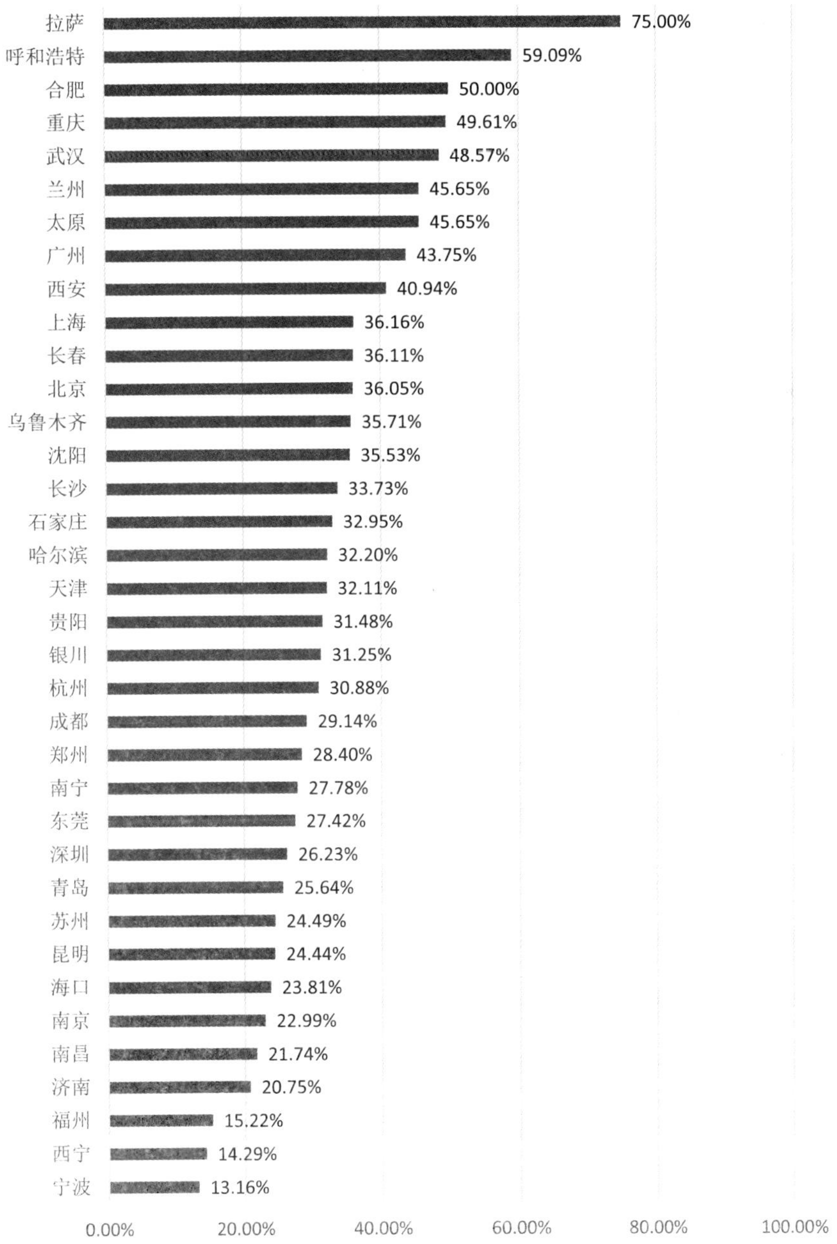

图11 各城市线下VR体验馆评论率排名

第二部分

2020中国VR消费者调查报告

本次调查共获得有效问卷2287份。第一章我们将介绍研究目的、研究方法和理论框架；我们将通过性别构成、年龄构成、学历构成、职业构成、收入构成和居住地构成六个方面对有效样本的人口学统计特征进行解读。结合问卷的第二、三部分统计收集的数据结果，我们将在后面的第三章描述性地分析消费者对VR的初步认知及使用偏好，从消费者VR技术了解渠道、VR设备品牌认知度、VR内容偏好、VR产品体验经历及渠道和VR设备购买行为及价格偏好五个方面展开。我们将在理论框架的基础上，依据现有数据结果对VR消费者进行分类和画像，观察不同类型VR消费者的分布情况和群体特征，通过相关分析探究消费者对VR产品的感知特征及其影响因素，并通过方差分析探究不同群体消费者的感知特征差异；最后，我们通过对文本的词频分析刻画出消费者关于VR概念的期望和想象。

第一章

研究概述：研究目的和研究方法

第一节 研究背景、目标和方法

一、研究背景

2016年，索尼、HTC、Oculus三大VR设备品牌巨头纷纷推出消费级硬件产品，标志着全球范围内VR产业的正式兴起。与此同时，中国VR市场正经历着火热的市场启动期。随着VR技术的研发和应用进一步扩展深入，2018年起，中国VR市场开始进入高速发展期。目前，VR在我国的应用较为广泛，主要涉及新闻、教育、影视、旅游、出版、展览、医学等领域。在旅游领域，国内旅游资讯平台携程已将VR作为一种营销方式，通过拍摄旅游目的地全景宣传视频向用户提供旅前服务，帮助用户决策酒店及体验项目。近年来，伴随着5G技术的推广和深入，“VR社交”逐渐成为热门话题，张洪忠指出，VR社交是社交媒体4.0时代最具代表性的产物[①]。目前已存在VR社交应用形态的探索性尝试，Steam在2018年推出Pluto VR社交应用，用户可以通过应用进行人际交互和娱乐。未来，5G技术的进一步深入发展将推动VR社交与游戏、直

① 张洪忠,丁磊. 5G时代的VR社交会取代微信吗[J]. 新闻与写作,2018(7):46-49.

播、电商等领域深度融合，满足人们更高层次的社交需求，从而重塑社会交往的形态。据易观数据统计和推算，至2019年，软硬件技术全面成熟后，VR消费者规模将达到1877.4万人。未来，随着VR内容资源不断丰富、低价设备的发展和线下市场的推广，VR消费者规模将不断扩大。

2019年3月，北京师范大学新闻传播学院发布了《2018中国VR产业发展和消费者调查报告》，报告显示，调查抽取的2100份有效样本均表示自己听说过VR，七成左右的被调查者对“VR可以取代电视、投影、显示器”表示认同；使用或体验过VR产品的消费者已近七成，但五成以上的消费者并没有购买过VR设备，同时，使用过VR app的消费者仅占四成。由此可见，VR的概念在消费市场上已经得到较为广泛的普及，并且绝大多数的消费者都已经体验或试用过VR产品。然而，消费行为的数据却出现了较为明显的不匹配现象，这在一定程度上说明，消费者对VR的认知和使用仍然受到人口学特征和一些特定的社会及心理因素的影响。

有学者指出，虚拟现实在媒体领域的应用，其驱动和目的在于对人的认知需求、感情需求及社交需求的实现和满足[①]。VR作为一个新兴且具备巨大应用空间的媒介技术，在创新扩散理论和使用与满足理论框架下，VR受众的感知、接受和使用情况仍存在很大的研究空间。在VR应用不断拓展和深化的当下，VR媒介受众的地位不可忽视，他们对于VR媒介的接受度怎样？用户对VR产品有怎样的认知和态度？有哪些使用需求？对于这些问题的回答能够更好地勾勒出消费者VR购买行为的内在心理机制，有助于透过描述性的数据表面，探究VR消费者的潜在心理。

① 殷乐,高慧敏. 虚拟现实与传播形态——国内外前沿应用案例分析[J]. 当代传播,2019(1):32-37.

二、研究目标

本次研究将立足于创新扩散理论和使用与满足理论，基于虚拟现实技术的实际研究情境，对现有的“互联网接受和使用”理论框架进行优化和改良，搭建一个适用于VR技术情景下的受众对于创新技术感知态度的研究模型。通过量化的方法分析消费者对于VR产品的接受和使用情况以及不同人口学特征、不同采用类型下感知特征的组间差异，为VR媒介受众和VR产品消费者对VR的认知、接受程度和使用需求提供实证依据。

三、研究方法

2019年，北京师范大学的研究继续采用问卷调查的方法。从问卷设计上来看，在上一年的VR消费者调查问卷的基础上做出改进，纳入在创新扩散理论和使用与满足理论基础上构建的感知受欢迎度、感知特性和感知需求理论框架，重点探究VR消费者的使用类型，揭示不同类别使用者的内在心理机制。问卷共分为五大部分，第一部分是人口学变量，主要对性别、年龄、学历、职业、月收入和所在地区进行测量；第二部分调查消费者对VR产品的初步认知情况，包括VR技术了解渠道、国内外VR设备品牌认知度、VR内容领域偏好、VR产品体验经历以及相应的体验渠道方式几个方面；第三部分主要调查消费者的VR设备购买行为、意愿和可接受的价格区间；第四部分则应用里克特五分量表对消费者对VR的感知受欢迎度、感知特性和感知需求三大感知特征进行测量，基于创新扩散理论和使用与满足理论探究消费者对VR的认知态度和使用需求；最后，第五部分调查消费者对VR的未来展望，包括对VR普及程度的态度和对VR概念的想象两个方面。

第二节　样本构成

表1　本调查有效样本人口统计学特征

项目	分类	人数	占比（%）
性别构成	男	1376	60.2
	女	911	39.8
年龄构成	20岁以下	73	3.2
	21－25岁	883	38.6
	26－30岁	803	35.1
	31－35岁	392	17.1
	36－40岁	93	4.1
	41－45岁	32	1.4
	46－50岁	9	0.4
	51－55岁	2	0.1
学历构成	高中及高中以下	161	7
	大专	663	29
	本科	1368	59.8
	研究生及以上	95	4.2
职业构成	下岗、待业或无业人员	10	0.4
	农民或外来民工	20	0.9
	学生	264	11.5
	国营、私营、三资企业工人	586	25.6
	自由职业者	273	11.9
	个体工商户	210	9.2
	专业技术人员/教师/医生	398	17.4
	商业服务业人员	163	7.1
	企业领导或管理人员	224	9.8
	机关/事业单位干部	94	4.1
	公检法/军人/武警	6	0.3
	其他	39	1.7

续表

项目	分类	人数	占比（%）
月收入构成	无收入	111	4.9
	1000元以下	80	3.5
	1000-3000元	186	8.1
	3000-5000元	855	37.4
	5000-10000元	931	40.7
	10000元以上	124	5.4
居住地构成	北京市	100	4.4
	天津市	55	2.4
	上海市	113	4.9
	重庆市	121	5.3
	河北省	185	8.1
	山西省	136	5.9
	辽宁省	109	4.8
	吉林省	49	2.1
	黑龙江省	29	1.3
	江苏省	124	5.4
	浙江省	134	5.9
	安徽省	80	3.5
	福建省	67	2.9
	江西省	70	3.1
	山东省	125	5.5
	河南省	103	4.5
	湖北省	77	3.4
	湖南省	68	3
	广东省	291	12.7
	海南省	17	0.7
	四川省	82	3.6
	贵州省	35	1.5
	云南省	17	0.7
	陕西省	33	1.4
	甘肃省	12	0.5
	青海省	7	0.3

续表

项目	分类	人数	占比（%）
居住地构成	内蒙古自治区	10	0.4
	广西壮族自治区	35	1.5
	宁夏回族自治区	1	0
	新疆维吾尔自治区	2	0.1

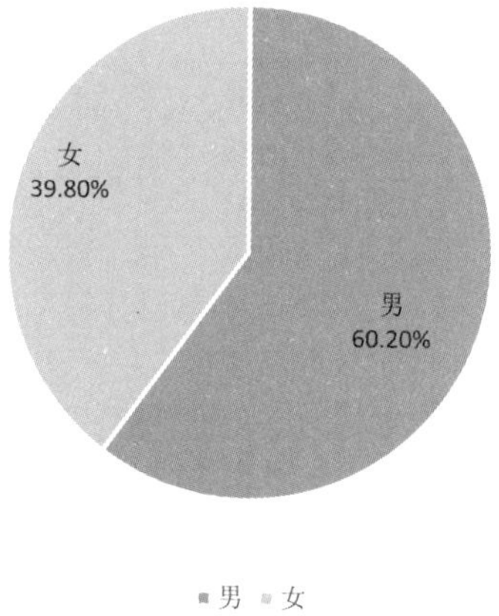

图1　性别构成

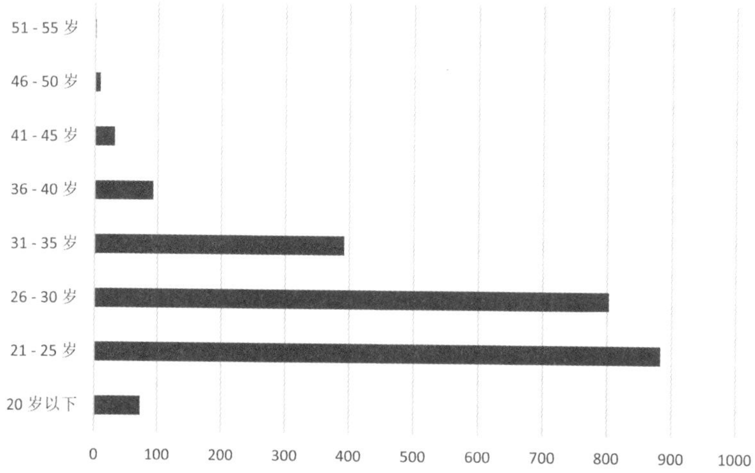

图2　年龄构成

本次调查样本男女比例为3：2，在2287份有效样本中，男性有1376人，女性有911人。样本年龄主要覆盖了55岁以下人群，其中，21–25岁占比最多，为38.6%；其次为26–30岁样本，占比35.1%；31–35岁样本占比17.1%；36–40岁占比4.1%；之后是20岁以下样本，占比3.2%；40岁以上的样本数量较少，41–45岁、46–50岁以及51–55岁的样本分别占1.4%、0.4%和0.1%。从年龄分布来看，可以发现，21–30岁的消费者占据了绝大多数，这部分人群接受创新技术的能力比较强，对科技产品具有很强的购买力，是VR产品最主要的消费者，他们的态度和意见对与VR产业的营销推广和改进具有重要的参考意义。

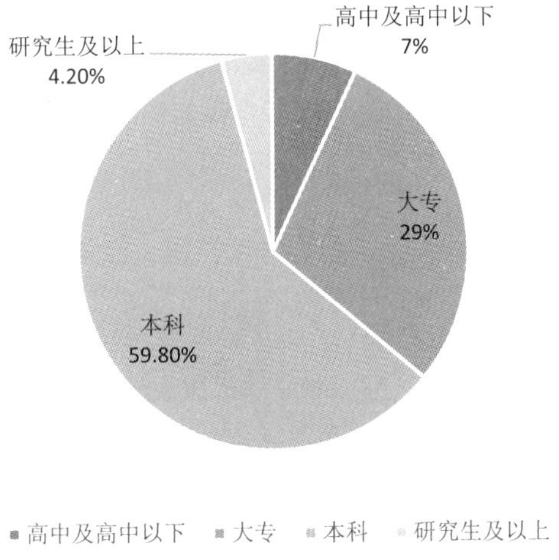

图3 学历构成

从学历构成来看，本次调查的样本学历覆盖高中及高中以下、大专、本科、研究生及以上四个层次，每个层次的占比分别为7%、29%、59.8%和4.2%，本科学历的消费者占据了绝大多数。

从职业构成来看，本次调查的有效样本中，国营、私营、三资企业工人占比最多，为25.6%；其次是专业技术人员/教师/医生群体，占比17.4%；自由职业者和学生占比类似，分别为11.9%和11.5%；企业领导或管理人员和个体工商户比例分别为9.8%和9.2%；行业服务业人员占

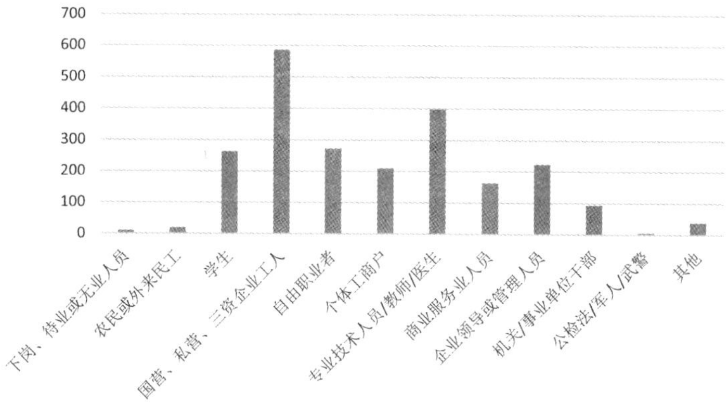

图4　职业构成

7.1%；机关/事业单位干部占4.1%；农民或外来民工、下岗、待业或无业人员和公检法/军人/武警占比很少，分别为0.9%、0.4%和0.3%。样本所覆盖的职业范围较为广泛，有利于结果精确度的提高。

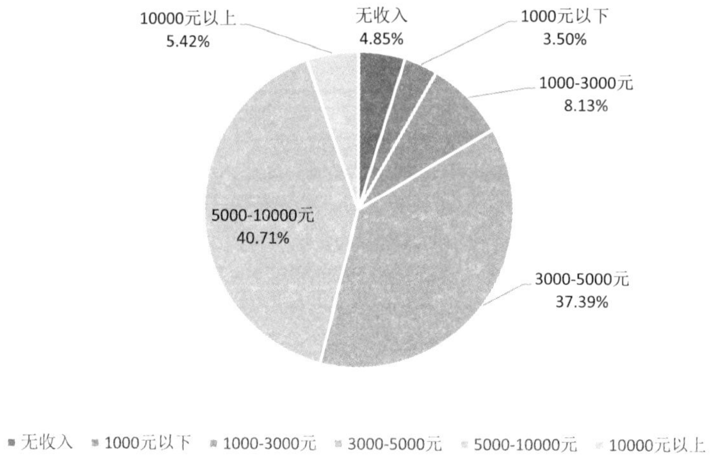

图5　月收入构成

从月收入分布来看，调查样本中5000–10000元收入的群体占比最多，为40.71%；其次是3000–5000元收入，占比37.39%，位居第二；而1000–3000元收入的样本明显减少，占8.13%；月收入在10000元以上的样本占总体的5.42%；1000元以下的占3.5%；也有4.85%的群体没有收入。可见，收入在3000–10000元的人群占绝大多数，为78.1%，这部分群体拥有一些或较多的自由支配收入，是商品消费的主力。上一年VR消费者调查报告结果显示，价格区间在1000–2000元内的VR设备最受消费者青睐，目前市面上现存的VR手机盒子价格已低至百元以内，大多数家庭的收入水平能够负担，同时，VR设备的低价化发展趋势也符合VR消费者的心理预期。

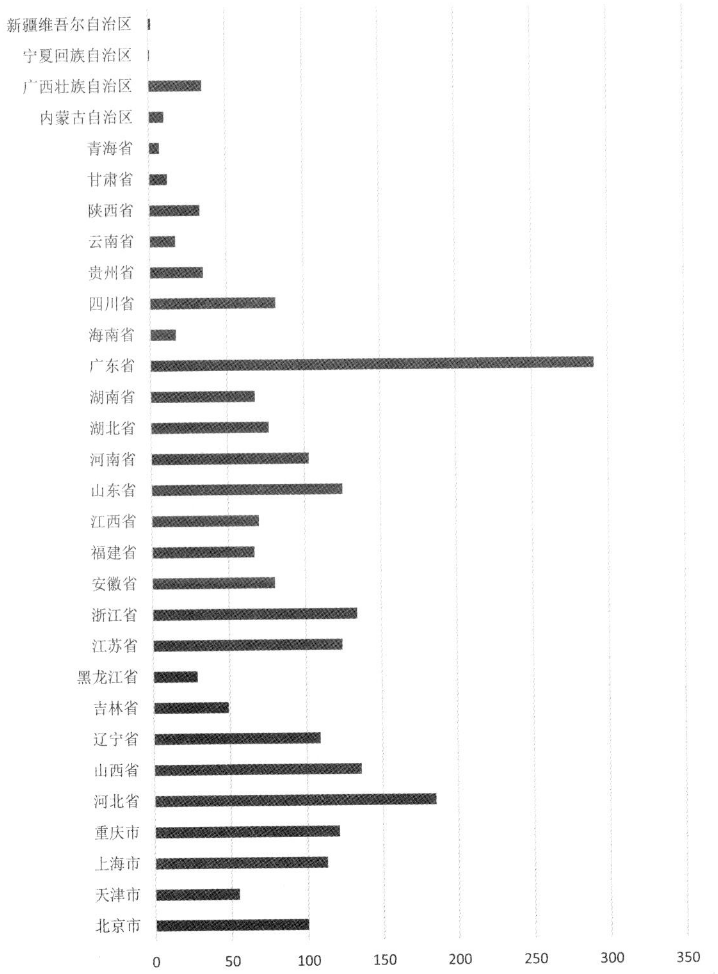

图6 居住地构成

本次调查样本覆盖了全国的30个省份。其中，广东省、河北省、浙江省、山东省占比较多，分别为12.7%、8.1%、5.9%和5.5%，北京市、上海市、重庆市分别占4.4%、4.9%和5.3%，同为直辖市的天津市则占比稍少，为2.4%，这些地区经济较为发达，居民消费水平较高，但诸如宁夏、新疆等西部地区的样本占比很小。VR的发展具有较为明显的地区差异，对全国范围的抽样，有利于更充分地了解国内消费者对VR的认知及使用情况。

第三节　理论模型

对于VR这样一个新兴的媒介技术来说，创新扩散理论下的“接受”“采用”概念是整个使用过程的起点。在VR消费和使用情景中，要想探究受众的消费意愿及其影响因素，考量消费者对于VR产品的接受程度和采用类型是至关重要的，也就是说，“使用”（use）情况的考量应该先回归到“采用”（adoption）的概念上。

学者Zhu J J H和He Z[①]于2002年发表了一篇测量因特网在中国的接受和使用的文章，他们将使用与满足理论纳入到创新扩散理论之中，设置一个“感知需求”（perceived needs of Internet，简称PNI）变量，并在Rogers的创新扩散理论原始模型及其他学者的研究基础上，构建了另外两个“感知受欢迎度”（perceived popularity of Internet，简称PPI）和“感知特性”（perceived characteristics of Internet，简称PCI）变量，这三个变量分别影响受众对于媒介技术的采用决策和使用行为，并指出该理论框架可以扩展到其他社会环境及媒介技术上，并不仅限于文中的研究环境和研究对象，在学界具有一定的影响力。

2019年的中国VR消费者调查与2018年相比最大的不同是继承了上

① Zhu J J H, He Z. Perceived Characteristics, Perceived Needs, and Perceived Popularity: Adoption and Use of the Internet in China[J]. Communication Research, 2002, 29(4):466-495.

述测量感知特征的理论框架。基于该框架进行合理的改进，使其适用于VR技术的现实情景，意在考量消费者对于VR产品内容、设备的认知，揭示其在VR产品接触和消费决策背后的内在社会心理因素。

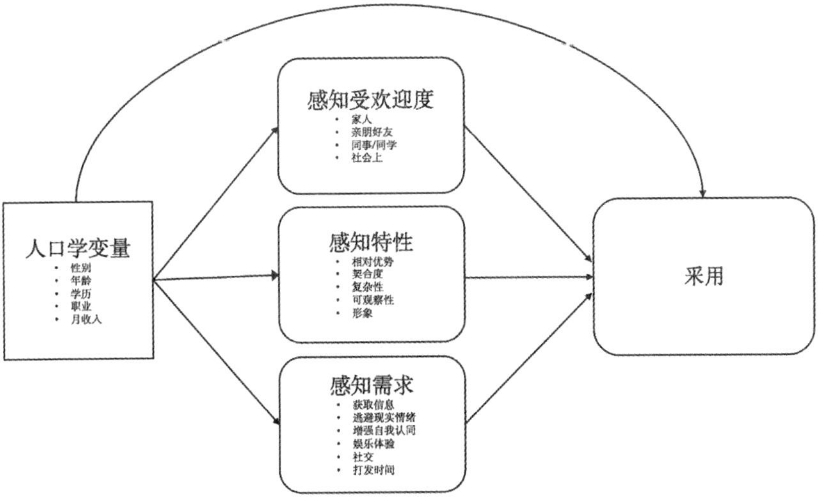

图7 影响消费者对VR产品接受和使用的因素关系图

第二章

中国VR消费者的类型和认知

第一节　消费者对VR的初步认知

一、VR技术了解渠道

线下VR场所和手机VR App依然是消费者最主要的了解渠道，同时社交媒体的传播作用凸显。

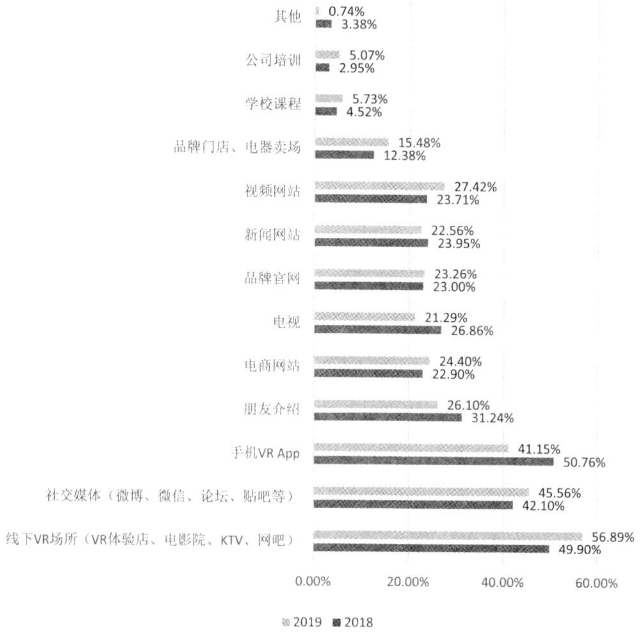

图1　消费者了解VR技术的主要渠道

本次调查数据显示，有56.89%的人选择通过线下VR场所（VR体验店、电影院、KTV、网吧）了解VR技术；除此之外，社交媒体（微博、微信、论坛、贴吧等）和手机VR App也是消费者了解VR技术的两种主要渠道，分别占45.56%和41.15%。2018年中国VR消费者调查报告指出，超过半数的人通过“手机VR App”了解VR，接近半数的人通过“线下VR场所（VR体验店、电影院、KTV、网吧）”了解VR，这两种了解方式可以使消费者切身参与、观看和体验VR产品，为消费者提供了直接接触和感知VR技术的渠道，相比于电商网站、新闻网站、电视、视频网站等媒体宣传方式，朋友介绍的人际传播方式得到了更多消费者的青睐。与2018年不同的是，2019年调查数据结果中，通过社交媒体（微博、微信、论坛、贴吧等）了解VR技术的人群占比更高，这说明近年来，网络社交媒体也在为传播VR技术发挥着越来越重要的作用，为VR产品的营销提供传播新思路。

二、VR设备品牌认知度

以华为VR眼镜和小米VR眼镜为代表的“手机盒子”形态VR设备具有更高知名度。

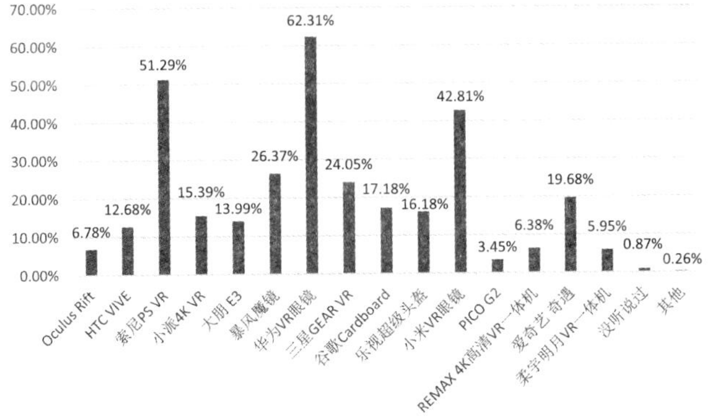

图2　消费者对不同VR设备品牌的认知度

2018年的VR消费者调查得出“人们对国内产品了解多于国外产品”的结论，2020年我们的调查团队更新了国内新晋的VR品牌，可以更为全面地呈现国内消费者对VR品牌了解程度的分布特征。本次调查发现，从整体上看，国内消费者对VR设备品牌普遍具备一定的了解，仅有0.87%的人没有听说过任何VR设备品牌。数据显示，华为VR眼镜、索尼PS VR、小米VR眼镜在消费者群体中的知名度最高，分别有62.31%、51.29%和42.81%的人听说过。与2019年调查结果相同的是，人们依然对国内VR设备品牌的了解多于国外VR设备品牌。从VR设备的类型上看，消费者对如PICO、REMAX等VR一体机设备品牌的了解远低于以索尼PS VR为代表的外接头显式VR设备和以华为、小米VR眼镜为代表的手机盒子设备类型。手机盒子类VR设备可以通过头戴设备中的镜片将手机屏幕转化为拥有更广视角的虚拟屏幕，来实现大屏、多角度的影视和游戏体验，消费者将手机插入设备即可进行VR体验。目前，由于成本造价的低廉，设备操作方式便捷，国内市场上VR手机盒子品牌分布更为多样，其产品因价格优势和操作的便携性获得了消费者更多的了解和关注。

三、VR内容领域偏好

“VR游戏”和“VR视频”依然是最受欢迎的两大VR内容领域，同时，“VR会议”具有很大的市场潜力。

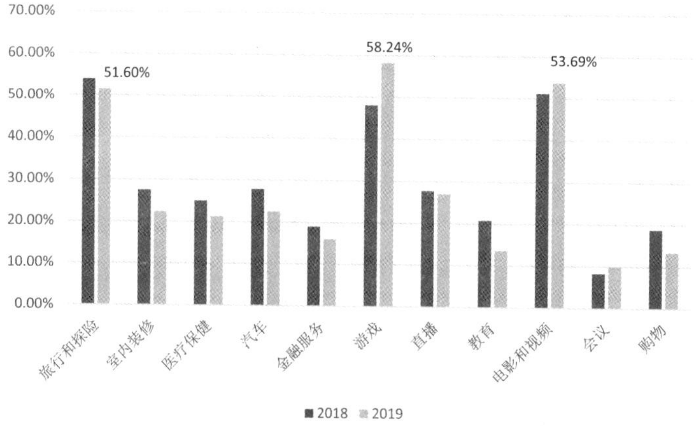

图3　消费者对VR产品内容领域的偏好

通过与2018年调查数据进行对比，我们可以看到，消费者最感兴趣的VR内容主题领域仍然分为两个明显的梯队，第一梯队为“游戏”“电影和视频”以及“旅行和探险”休闲娱乐类内容，分别占比58.24%、53.69%和51.60%；第二梯队中，“直播”“汽车”“室内装修”和“医疗保健”四项占比较为相近，分别为27.07%、22.52%、22.39%和21.25%，同属第二梯队中的“金融服务”“教育”“购物”的占比相对较少，分别为16.00%、13.55%和13.38%，“会议”占比最低，只有9.97%。在所有消费者感兴趣的VR内容领域中，“游戏”类别占比与2019年相比有较为明显的增长，可以看出，VR在“游戏”和“电影和视频”两大娱乐休闲领域的内容创新，不仅能够充分发挥其沉浸感、临场感的固有优势，也更能够赢得消费者的欢迎。除此之外，消费者对“VR会议”的兴趣也有所增长，预测未来VR技术在这一领域的应用将具有较好的市场前景。

四、VR产品体验/使用经历及渠道

绝大多数消费者接触过VR产品，但五成的人体验一次后没再继续使用。

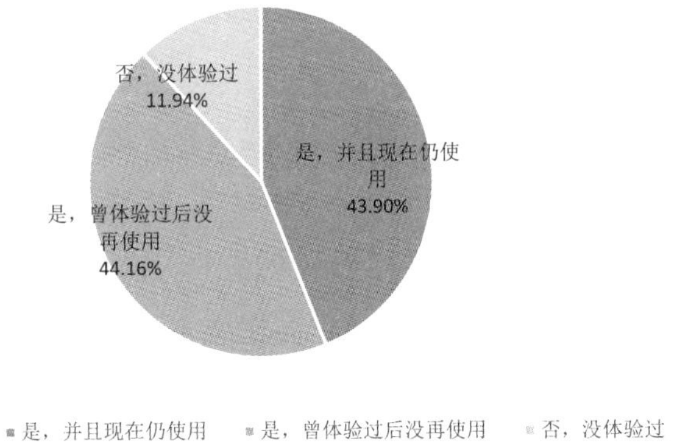

图4　是否体验/使用过VR产品

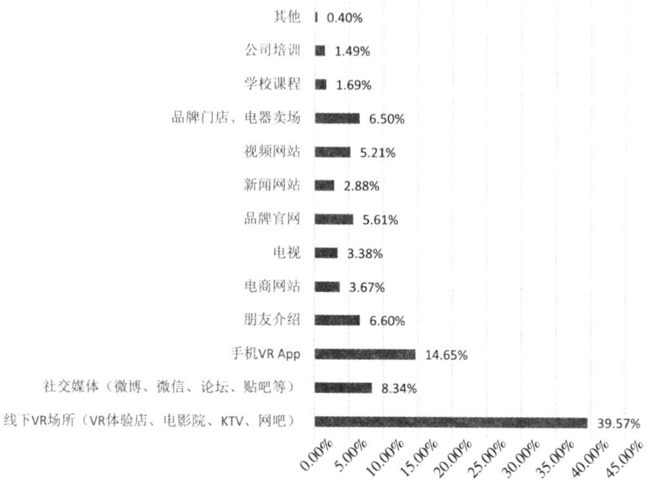

图5　消费者对VR产品的体验/使用渠道

本次调查收回的2287份有效样本中，有2014名消费者选择使用或体验过VR产品，占总体的88.06%，没有体验过的人数仅占11.94%，说明VR产品已经得到绝大多数消费者的接触，线下VR场所（VR体验店、电影院、KTV、网吧）是消费者体验和试用VR产品的两种最主要渠道，分别占比39.57%和14.56%。

在已经体验过的消费者中，49.85%的人选择继续使用VR产品，50.15%的人仅试用过一次VR产品后没再使用。可以看出，消费者对于VR这一新媒体形式的接受程度较为积极，绝大多数的人群显示出愿意尝试和试用的倾向，而在试体验之后，是否选择继续使用VR产品的人群各占一半，比较均衡，分布的差异极小，试体验过后选择不再继续使用VR产品的消费者稍多，解答这一现象背后的原因对于VR产品市场的发展具有重要意义，后文中我们将根据使用意愿进一步细分VR消费者的类型，解读其群体特征。

五、VR设备购买行为及价格偏好

消费者呈现对VR设备和产品的低价化心理预期，500–1000元的VR设备最受青睐。

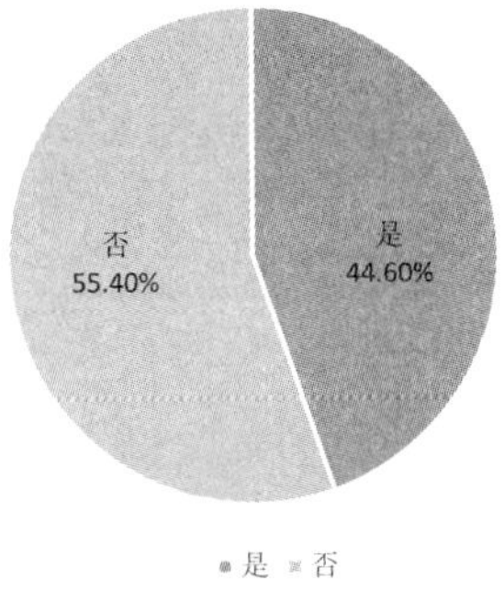

图6　是否购买过VR设备

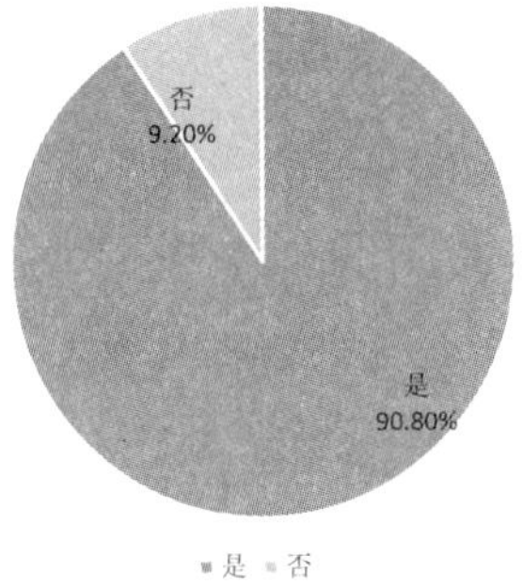

图7　是否有计划购买VR设备

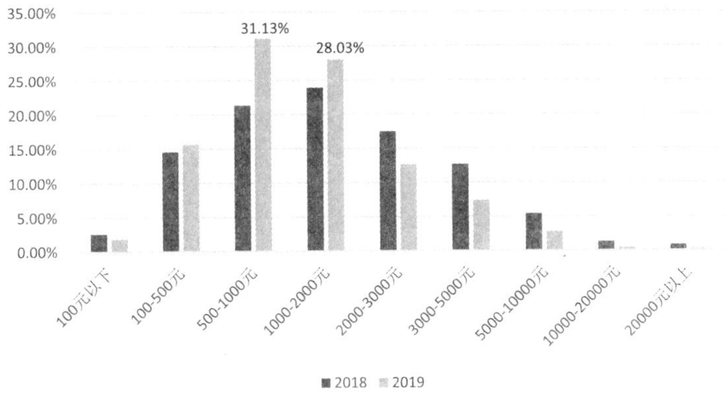

图8　消费者对VR设备的价格偏好

本次调查数据显示，有44.60%的消费者表示购买过VR设备，90.80%的消费者有购买VR设备的计划，目前多数消费者对VR设备持有观望态度，期待有更能满足自己需求和预算的VR设备出现。与上一年调查数据对比发现，最受消费者青睐的VR设备价格仍然集中在500-1000元、1000-2000元两个区间，分别占31.13%和28.03%，仅有17.49%的消费者只接受500元以下的VR设备。在2000元以上价格区间内的VR设备占比比去年明显降低，可以看出，消费者对VR设备存在低价化的消费倾向，同时，消费者对于低端廉价的VR设备接受度并不是很高，兼顾价格优势和设备体验感的中端价位VR设备的研发更符合消费者的心理预期。

六、小结

目前，VR的概念已经得到较为广泛的普及，线下VR场所和手机VR App仍然是消费者最主要的VR了解渠道，同时社交媒体对VR的传播作用开始凸显，人们对国产VR设备品牌的认知度更高，以华为VR眼镜和小米VR眼镜为代表的“手机盒子”形态VR设备在国内消费者群体中具有更高知名度。

人们对试用和体验VR产品产生了很大的兴趣，绝大多数消费者已经接触过VR产品，以VR体验店、电影院、KTV、网吧为代表的线下VR场所是其最主要的接触渠道。消费者对VR产品的接触有明显的内容偏好，与去年相比，“VR游戏”和“VR视频”依然是最受欢迎的两大VR内容领域，不同的是，今年，“VR会议”凸显了巨大的市场潜力。而在试体验过后，五成的消费者没再继续使用VR产品，这种中断使用的决策受到一定的社会心理因素影响，我们将在后续章节进一步分析。

对于VR设备的消费，绝大多数消费者已有购买计划，并且四成的消费者已经购入了VR设备，500-1000元的VR设备最受青睐，消费者对VR设备普遍呈现出低价化的心理预期。

第二节　VR消费者类型及画像

在前文已经介绍过，从使用经历上来看，约有88%的人已经至少体验过1次VR产品，目前已有绝大多数消费者对VR产品有所接触。我们结合消费者的VR产品接触经历（Q13“您是否体验过VR产品？”）和未来一年内接触可能性（Q15“在未来一年内，您将有多大可能使用VR产品？”）两个问题，将VR采用者进一步细分。根据消费者的VR使用经历和使用意愿，定义了黏性使用者、中断使用者、试用者、观望者和拒绝使用者五大类型的VR消费者群体，共15种类型，如表1所示。

表1　VR消费者类型的划分①

		使用经历（Q13）		
		“是，并且现在仍在使用”	“是，曾体验过后没再使用”	“否，没体验过”
使用意愿(Q15)	“完全不可能”	完全中断使用者 10人（0.44%）	完全消极试用者 2人（0.09%）	拒绝使用者 3人（0.13%）
	“不太可能”	中断使用者 26人（1.14%）	消极试用者 48人（2.10%）	悲观观望者 17人（0.74%）
	“不一定”	低度黏性使用者 41人（1.79%）	低度积极试用者 216人（9.44%）	低度乐观观望者 65人（2.84%）
	“比较可能”	中度黏性使用者 539人（23.57%）	中度积极试用者 618人（27.02%）	中度乐观观望者 157人（6.86%）
	“完全可能”	高度黏性使用者 388人（16.97%）	高度积极试用者 126人（5.51%）	高度乐观观望者 31人（1.36%）

其中，对于有过VR使用经历并持续使用的人群，根据使用意愿分为中断使用者和黏性使用者，分别占总体的1.58%和42.33%；仅尝试体验过一次VR产品，然而之后没有再次使用的人群为VR试用者，试用过后，使用意愿普遍较为正向，持有积极态度的VR产品试用者占总体的

① Q13为调查问卷第12题“您是否体验过VR产品？”，Q15为调查问卷第14题“在未来一年内，您将有多大可能使用VR产品？”。

41.97%，而消极的试用者仅占总体的2.19%，其中，仅有2人在试体验过后认为完全不可能在一年内使用任何VR产品；最后，没有任何VR使用经历的消费者按照使用意愿可划分为拒绝使用者、悲观观望者和乐观观望者，分别占总体的0.13%、0.74%和11.06%。

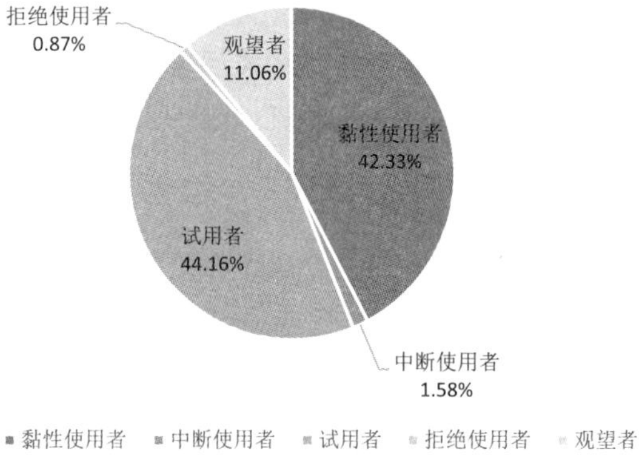

图9　VR消费者类型分布

一、VR黏性使用者

从未来一年内的VR使用意愿来看，总体上，绝大部分的消费者具有积极的VR产品使用倾向，约四成的消费者对VR产品具有一定的黏性，占总体的42.3%。

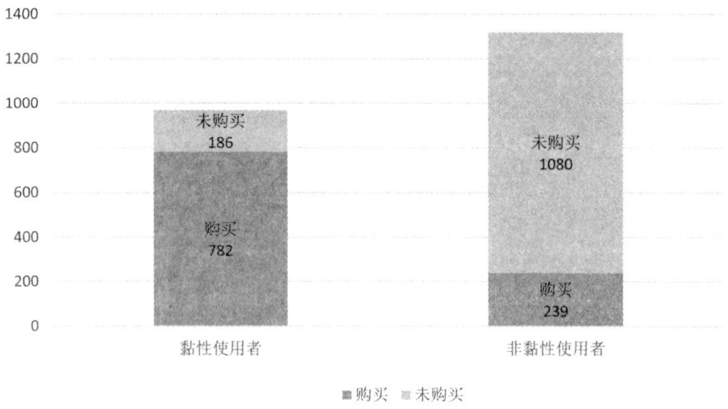

图10　黏性/非黏性使用者的VR设备购买情况

这部分黏性用户中，绝大多数已经购买了VR设备（80.8%），仅有近两成的黏性使用者尚未消费过VR设备，他们主要在公共商业区域的线下VR场所或通过手机VR App等其他途径来使用VR产品，目前来看，长期、持续的VR产品接触习惯仍然需要私人化的VR设备来保证。

表2　黏性使用者分布

类型	人数	占总体消费者百分比
低度黏性使用者	41	1.79%
中度黏性使用者	539	23.57%
高度黏性使用者	388	16.97%

高度黏性使用者（388人）：占总体的17.0%，以男性居多（68.6%），21–25岁和25–30岁人群分布均衡，各占3成。绝大多数为本科学历（72.9%），主要职业类型为国营、私营、三资企业工人（25.3%）、企业领导或管理人员（18.0%）和专业技术人员/教师/医生（15.2%），收入偏高，6成以上月收入在5000元以上。

中度黏性使用者（539人）：占总体的23.6%，男性（54.4%）比女性稍多，21–25岁人群（42.7%）较高度黏性使用者比例更高。本科学历占6成，大专3成，职业以国营、私营、三资企业工人（25.8%）、专业技术人员/教师/医生（19.7%）和自由职业者（12.6%）为主，收入中等偏上，绝大多数人月收入在3000–10000元，3000–5000元和5000–10000元各占4成。

低度黏性使用者（41人）：占总体的1.8%，男性（53.7%）比女性稍多，21–25岁和25–30岁人群分布均衡，各占3成。学历以大专和本科为主，各占3成，多为国营、私营、三资企业工人（17.1%）、自由职业者（17.1%）和个体工商户（17.1%），近一半的人月收入在3000–5000元。

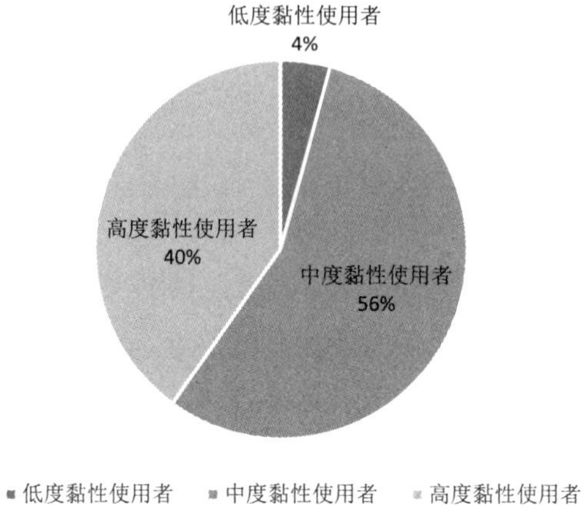

图11　黏性使用者分布

二、VR中断使用者

中断使用者的VR使用经历超过一次，但是对VR的使用意愿较为消极，他们认为在未来的一年内，不太可能（中断使用者）或完全不可能（完全中断使用者）继续使用VR产品，这部分类型的消费者共36人，仅占总体的1.6%。

表3　中断使用者分布

类型	人数	占总体消费者百分比
中断使用者	26	1.14%
完全中断使用者	10	0.44%

中断使用者（26人）：占总体的1.1%，以男性居多（73.1%），以21–25岁和25–30岁人群为主，分布均衡，各占3成。46.2%的人为本科学历，42.3%为大专学历，职业类型仍以多为国营、私营、三资企业工人（23.1%）、个体工商户（23.1%）和自由职业者（15.4%）为主，月收入在3000–5000元占6成。

完全中断使用者（10人）：仅占总体消费者的0.4%，使用意愿较上述中断使用者群体更为消极，平均年龄比中断使用者和黏性使用者更低，20岁以下3人，21–25岁4人。这些完全中断的使用者仍有计划购买VR设备，接受100–500元的低价化VR设备的人居多。

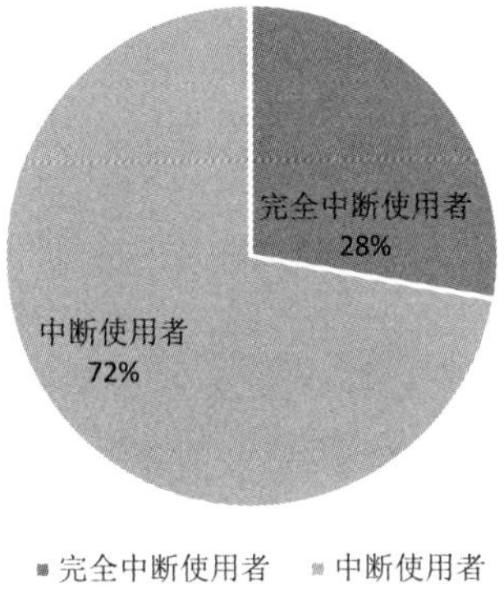

图12　中断使用者分布

三、VR试用者

VR试用者的VR产品使用经历只有一次，95.0%的人在试体验过后对VR产品的使用意愿积极，说明目前的VR产品试用体验优势较为明显，复杂的操作和眩晕等问题得到了一定程度的优化，VR产品进一步被消费者接受。

表4　试用者分布

类型	人数	占总体消费者百分比
完全消极试用者	2	0.09%
消极试用者	48	2.10%
低度积极试用者	216	9.44%
中度积极试用者	618	27.02%
高度积极试用者	126	5.51%

高度积极试用者（126人）：占总体的5.5%，男：女=7：3，26–30岁的人数较多（44.4%）。绝大多数为本科学历（64.3%），职业以国营、私营、三资企业工人（21.4%）、专业技术人员/教师/医生

（20.6%）和企业领导或管理人员（15.9%）为主，收入中等偏上，绝大多数（84.9%）月收入在3000–10000元以内。

中度积极试用者（618人）：占总体的27.0%，是试用者中的大多数。男性（64.7%）居多，21–25岁和25–30岁人群分布均衡，各占3成。绝大多数为本科学历（63.3%），职业以国营、私营、三资企业工人（29.8%）、专业技术人员/教师/医生（19.3%）和学生（11.2%）为主，收入较高，4成的人月收入在5000–10000元内。

低度积极试用者（216人）：占总体的9.4%，女性比例比高度和中度积极试用者高，男：女=1：1，21–25岁和26–30岁分别占4成和3成。一半以上为本科学历，职业以国营、私营、三资企业工人（25.9%）、学生（17.6%）和自由工作者（14.4%）为主，近一半的人月收入在3000–5000元。

消极试用者（48人）：占总体的2.1%，男女分布均衡，各占一半，一半以上的人在21–25岁。一半的人为本科学历，1/4的人为大专学历。学生居多（27.1%），39.6%的人无VR设备购买计划，3成仅接受100–500元区间内的VR设备。

完全消极试用者（2人）：数量极少，这两名完全消极试用者均为男性，分别为21–25岁和31–35岁，且均为大专学历。月收入在1000–5000元，接受1000–2000元和3000–5000元的VR设备。

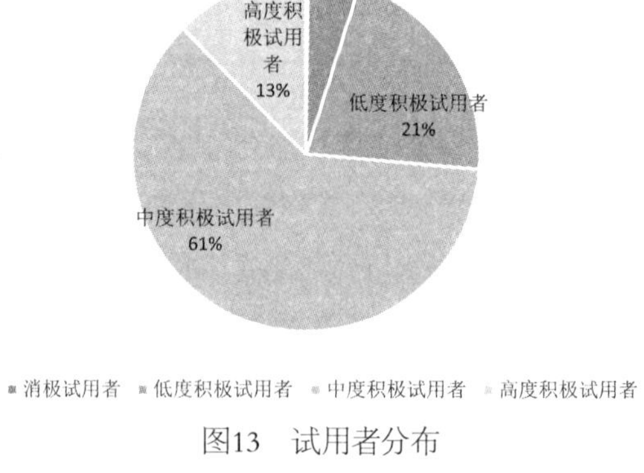

图13　试用者分布

四、VR观望者

VR产品的观望者主要指那些未曾体验过VR产品的消费者群体。值得注意的是，低度、中度、高度的积极试用者和乐观观望者均可以看作是VR产品的潜在消费者，占总体的半数以上（53.04%），这部分人群对VR产品接纳态度积极，具有较为正向的创新接纳能力，可能在未来一年内具备购买VR设备的计划和条件，是未来VR市场的最主要消费群体，也是本次调查中最具研究意义的群体。

表5　观望者分布

类型	人数	占总体消费者百分比
悲观观望者	17	0.74%
低度乐观观望者	65	2.84%
中度乐观观望者	157	6.86%
高度乐观观望者	31	1.36%

高度乐观观望者（31人）：占总体的1.4%，女性居多（58.1%），与黏性使用者和试用者相比年龄稍高，26–35岁占7成。学历仍以本科（48.4%）和大专（41.9%）为主，6成的人在月收入在3000–5000元内。其中，仅有1人没有VR设备购买计划，主要接受500–1000元价格内的VR设备。

中度乐观观望者（157人）：占总体的6.9%，男女比例较为均衡，21–25岁和26–30岁各占3成。大专和本科学历各占4成，职业以专业技术人员/教师/医生（26.1%）、国营、私营、三资企业工人（25.5%）和自由职业者（12.1%）为主，月收入中等偏上，在3000–10000元占81.0%。大多数有VR设备购买计划，可接受的价位在500–2000元左右。

低度乐观观望者（65人）：占总体的2.8%，男性居多（60.0%），近一半人数的年龄在21–25岁之间。大专和本科学历各占4成，以学生（33.8%）和自由职业者（18.5%）为主，月收入中等偏低，多数没有购买计划，接受100–1000元内的低价VR设备。

悲观观望者（17人）：占总体的1.0%，绝大多数为女性消费者（82.4%），年龄在21–25岁居多（58.8%）。一半以上为本科学历，并且以学生群体为主（64.7%），只有2人有VR设备购买计划，接受100–500元的低价VR设备。

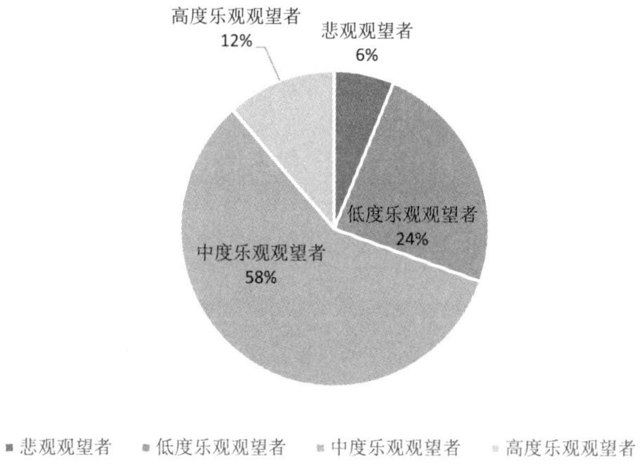

图14　观望者分布

五、VR拒绝使用者

拒绝使用VR产品的消费者不仅没有任何的VR体验经历，也表示完全不可能在未来一年内使用VR。在本次调查抽取的2287个有效样本中，这类消费者仅有3人，其中男性2人，女性1人，年龄均在21–25岁，收入偏低，其中2人仅接受100元以下的VR设备。

六、小结

本节结合消费者的VR产品接触经历和接触意愿，将VR消费者分为黏性使用者、中断使用者、试用者、观望者和拒绝使用者五大群体，其中，黏性使用者和试用者是最主要群体，两部分消费者数量相当，各占四成，观望者群体的数量较少，仅占一成，VR中断使用者和拒绝使用者则数量极少。

其中，黏性使用者群体的学历和收入较高，绝大多数购入了VR设备，可以看出，私人化的VR设备消费是黏性使用VR产品的必要条件。

值得注意的是，目前的VR产品试用体验优势较为明显，复杂的操作和眩晕等问题得到了一定程度的优化，VR产品进一步被消费者接受，95%的VR试用者在试体验过后对VR产品的使用意愿积极，且以男性居多。观望群体的数量较少，并且以女性居多，他们没有接触过VR产品，但是绝大多数仍然对VR持有积极的使用意愿，观望者群体和试用者群体虽然具有较为正向的创新接纳能力，但与黏性使用者相比收入偏低，具备购买VR设备的计划和条件，是未来VR市场的最主要消费群体。

第三章

VR消费者的感知特征及其影响因素分析

第一节　消费者对VR固有属性的主观感知

创新扩散理论认为，与创新技术或产品的客观特性相比，消费者在决定是否接受和采用这一创新的决策过程中，受到的主观感知特性的影响更大①。在已有研究中，感知特性概念包含相对优势、契合度、复杂性、可观察性和形象五个维度：（1）相对优势指创新产品被受众感知到的优于与其功能相同或相似的“前身”产品的程度；（2）契合度指创新产品与受众在价值取向、实际需求和过往经历上的一致程度；（3）创新的复杂性则指创新产品被受众感知的使用难易程度；（4）可观察性指创新产品的使用结果在多大程度上可以被受众之外的他人观察到，包括创新结果的可展示性、可推荐性以及结果的可见性；（5）形象部分则用来描述创新产品的使用在多大程度上能够强化受众在社会体系中的自身形象和社会地位。本次调查通过李克特五分量表测量消费者对相关表述的认同程度，1表示“完全不同意”，5表示“完全同意”。

① 罗杰斯. 创新的扩散[M]. 辛欣译. 4版. 北京:中央编译出版社,2002.

一、消费者VR感知特性指数

1. 相对优势

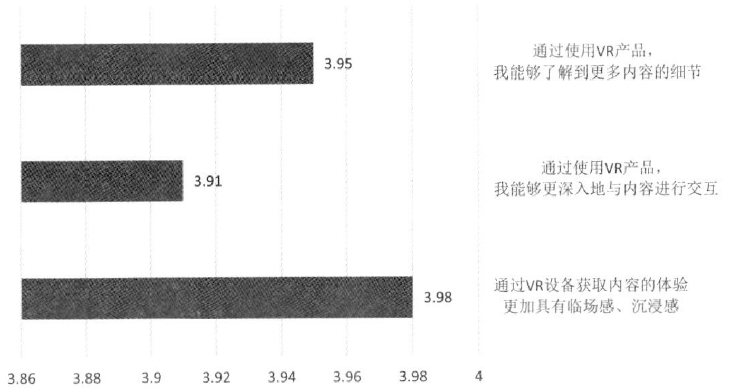

图1　消费者对VR产品的感知相对优势指数①

对于VR产品，沉浸、交互和细节是三个最为主要的相对优势。目前来看，消费者认为VR在沉浸感、细节度和交互性上均具有一定的优势，其感知指数分别为3.98、3.95和3.91，相差不大。现阶段，在消费者看来，VR在交互上的优势相对较弱，VR产品的交互性能有待进一步提升。

2. 契合度

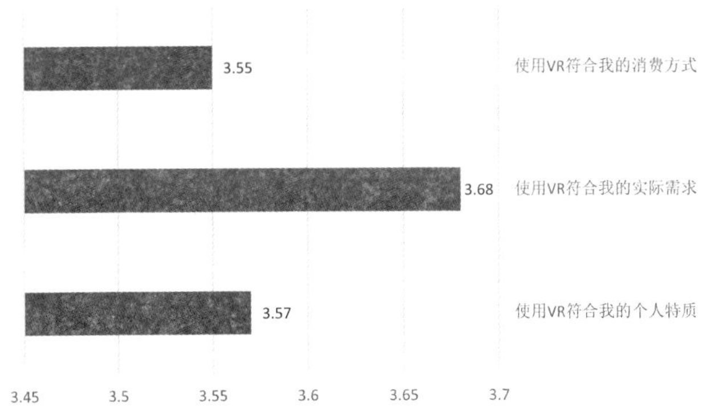

图2　消费者对VR产品的感知契合度指数

① 所有的感知特征指数描述消费者对相应表述的认同程度，1=“完全不同意”，2=“不同意”，3=“部分同意部分不同意”，4=“同意”，5=“完全同意”。

感知契合度描述VR产品与消费者个人特质、实际需求和消费方式上的一致程度。整体上，VR产品与消费者的契合度较高，消费者在实际需求契合度上的感知指数最高，为3.68，在个人特质和消费方式上契合度的感知指数相比略低，分别为3.57和3.68。目前VR能够较好地满足消费者的实际需求，而在未来，如何设计更加吻合消费者个人特质和消费方式的VR产品则是VR品牌需要着重思考的问题。

3. **复杂性**

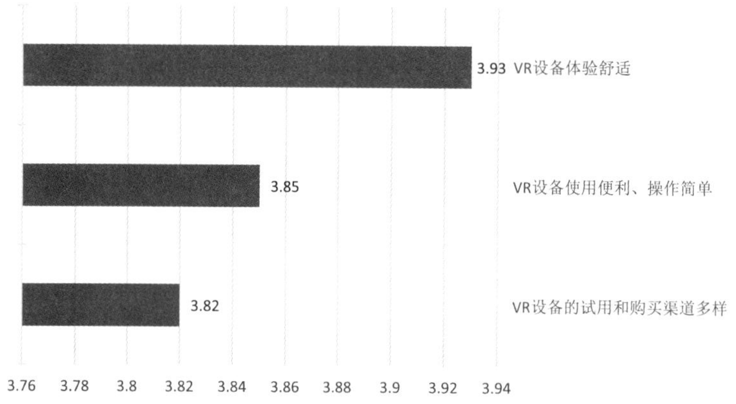

图3　消费者对VR产品的感知复杂性指数

消费者的VR感知复杂性涉及VR产品的可接近性、操作难易程度和使用舒适度三个方面，其感知指数分别为3.82、3.85和3.93。消费者普遍认为，目前市场上的VR设备的操作简单便利并且体验感舒适，线下体验店是消费者接触VR产品技术的最主要渠道，试用和购买渠道的多样化也进一步保障了人们对于这一新技术的体验和接纳。

4. **可观察性**

目前，消费者认为VR产品的优势较为明显，感知指数为3.93，同时VR产品具有较强的可推荐性，感知指数为3.68。可以看出，VR产品的特性和优势已经逐渐得到消费者的认同和传播。

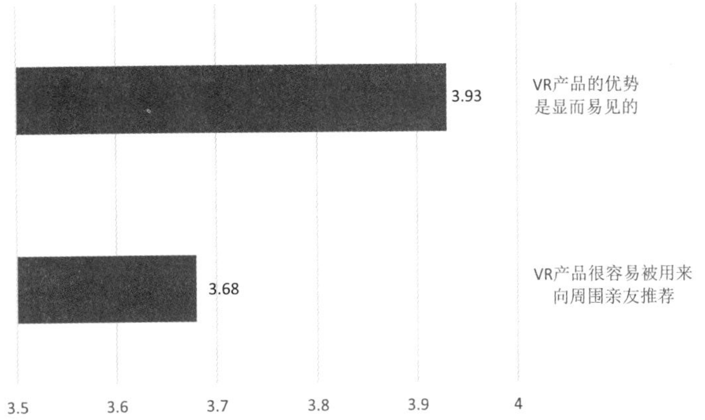

图4　消费者对VR产品的感知可观察性指数

5. 形象

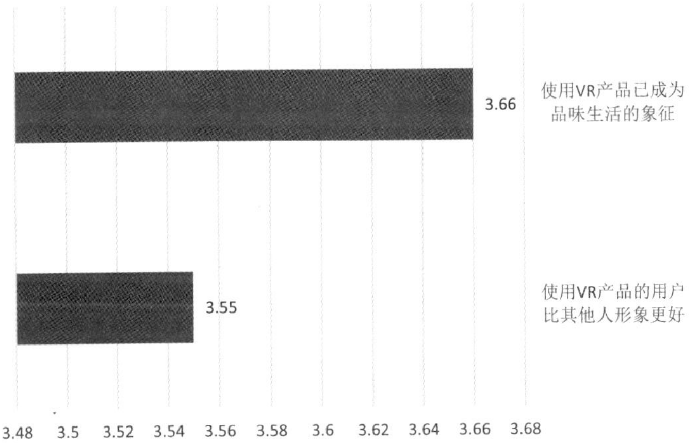

图5　消费者对VR产品的感知形象指数

VR是“高科技”“时尚”和“未来感”的代名词，消费者对VR在品味象征和形象塑造上的感知指数分别为3.66和3.55。可以看出，目前消费者认为，VR产品的使用能够正向帮助消费者构建良好的个人形象，提升社会地位，同时使用VR产品已成为品味生活的象征。

二、不同类型VR消费者的感知特性差异

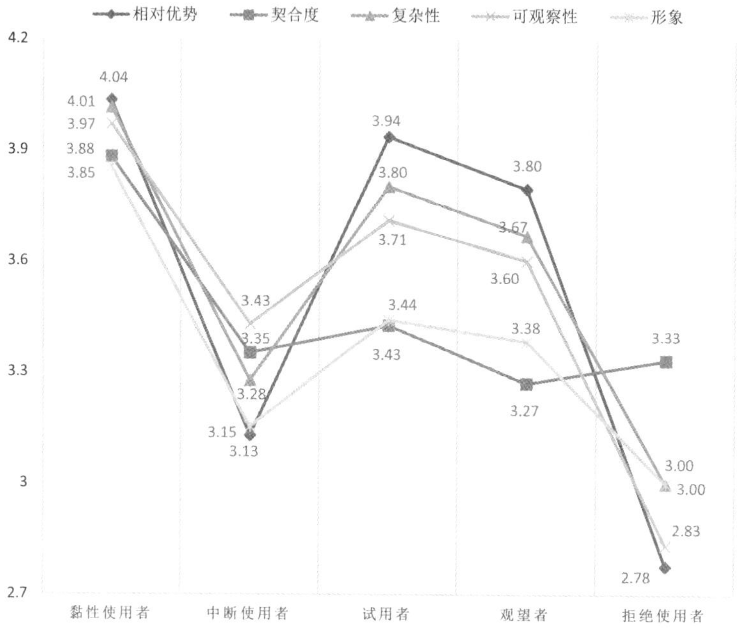

图6　不同消费者类型的感知特性指数差异

不同类型消费者的感知特性差异可以反映出不同VR采用决策背后的心理机制，以消费者类型为因子，对感知特性进行方差分析，统计结果显示，VR黏性使用者、VR中断使用者、VR试用者、VR观望者和拒绝使用者在感知相对优势、感知契合度、感知复杂性、感知可观察性和感知形象上均存在显著差异（F从28.964到70.845，$p<0.001$）。

如上图所示，除形象外，其他维度的感知特性均呈现出以下特征：黏性使用者指数最高，其次是试用者、观望者和中断使用者，拒绝使用者最低。消费者对VR的感知特性指数反映了其对VR固有属性的感知有利程度，因此毋庸置疑，黏性使用者在各个维度的感知特性指数均处于

最高水平。

与黏性使用者相比，中断使用者在相对优势和形象上的感知指数最低，分别为3.13和3.15；而对于VR试用者和观望者，与其他维度的感知指数相比，较大的差距则反映在契合度（分别为3.43和3.27）和形象（分别为3.44和3.38）上，可以看出，现有VR产品与消费者自身形象以及消费方式、个人特质和生活方式上的契合是VR黏性使用的较大阻碍，未来在契合度和形象上提升VR产品性能质量将有效地将潜在消费者转化为黏性使用者。

三、消费者VR感知特性的影响因素

为探究消费者VR感知特性的影响因素，我们对人口学变量和VR设备购买行为分别与相对优势、契合度、复杂性、可观察性和形象进行相关分析，其中对职业进行了重新编码，学生类别为1，除学生外的其他类别为0。

根据相关分析结果，年龄、学历和月收入与五个维度的感知特性均呈显著正相关关系，具体体现为，年龄、学历、月收入水平越高，消费者对VR属性的主观感知越有利，即相对优势更大，越认为VR与自身更契合，VR使用操作简单、使用舒适和易得，同时优势可见、易于推荐，并利于其形象的塑造。

契合度和形象存在显著的性别差异，与女性相比，男性对VR具有更高的感知契合度（$r=0.054$，$p<0.05$）和感知形象（$r=0.061$，$p<0.01$）；与学生相比，上班族对所有维度的VR的感知指数更高（r从−0.144到−0.051，$p<0.05$）。

除此之外，是否购买VR设备不影响消费者对VR沉浸感等相对优势的主观感知（$r=0.039$，$p>0.05$），但与其他四个维度均存在显著的正相关（r从0.1到0.28，$p<0.01$）。

表1　感知特性与人口学变量、VR设备购买行为的相关性分析结果

	相对优势	契合度	复杂性	可观察性	形象
性别（女=0）	0.012	0.054*	–0.029	0.028	0.061**
年龄	0.082***	0.120***	0.079***	0.133***	0.166***
学历	0.167***	0.117***	0.074***	0.113***	0.075***
职业（学生=1, 非学生=0）	–0.051*	–0.112**	–0.078**	–0.088**	–0.144**
月收入	0.136***	0.141***	0.106***	0.141***	0.150***
购买VR设备（否=0）	0.039	0.280**	0.100**	0.154**	0.214**

注：*$p<0.05$，**$p<0.01$，***$p<0.001$

四、小结

本节通过感知特性指数反映了消费者对VR的固有属性的主观感知，感知特性指数越高，意味着消费者认为VR在相对优势、契合度、复杂性、可观察性和形象塑造上对自身越有利。总体来看，目前消费者的感知特性指数均高于3.5，说明在消费者看来VR的相对优势明显，与自身消费方式、生活方式、实际需求有着较好地契合，操作较为简单，使用较为舒适，购买较为渠道多样，具有较好的可推荐性和结果的可展示性，同时也能够帮助自己塑造良好的个人形象。

分类型来看，黏性使用者在五个维度的感知特性指数均处于最高水平，试用者和观望者在契合度和形象上的感知特性指数则相对最低，对于这些潜在消费者，未来在契合度和形象上提升VR产品性能质量将有效地促进其使用VR产品并转化为黏性使用者。

消费者对于VR的感知特性受到很多因素的影响。第一，年龄、学历和月收入这三个变量对感知特性的五个维度均有显著的正相关关系；第二，上班族在五个维度的感知特性指数均比学生更高，男性仅在契合度和形象上的感知特性指数比女性更高；第三，VR设备购买行为不影响消费者对VR相对优势的感知，但与契合度等其他四个维度的感知指数均呈显著的正相关关系。

第二节　消费者对VR在不同群体内流行程度的主观感知

除了主观的感知特性外，创新扩散理论还强调了社会环境对于受众接受和使用新的媒介形式的重要影响，Rogers在他的创新扩散模型中将感知社会规范（PSN）定义为社会环境的一种操作化度量。在后续研究中，有学者根据这个理论构建“社会压力”“文化时尚”“潮流效应”等变量，在2002年对于互联网技术在中国的创新扩散研究中，感知社会规范被定义为“感知受欢迎度”，用来描述创新采用决策过程中受众受到的社会环境的作用。本次调查的感知受欢迎度变量用于描述消费者所感知的VR产品在不同社会关系构成的群体中的流行程度，包含家人、亲朋好友、同学/同事和整个社会四个维度，用李克特五分量表进行测量1表示“几乎没有人”，2表示“只有一些人”，3表示“适中”，4表示“很多人”，5表示“几乎所有人”。

一、消费者VR感知受欢迎度

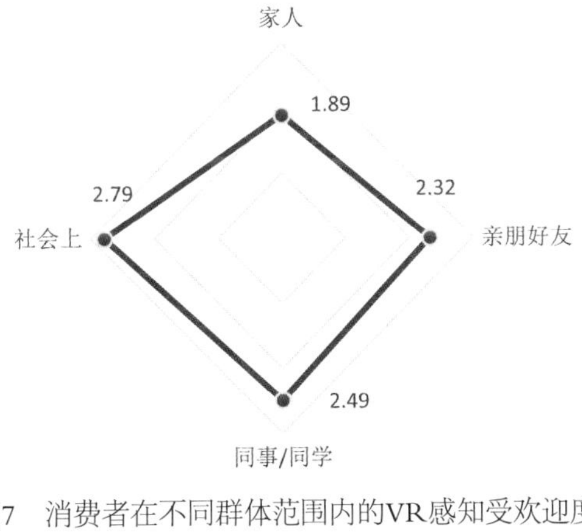

图7　消费者在不同群体范围内的VR感知受欢迎度[①]

① 感知受欢迎度指数描述群体中VR产品的使用人数，1=“几乎没有人”，2=“只有一些”，3=“适中”，4=“很多人”，5=“几乎每个人”。

消费者对VR的综合感知受欢迎度均值为2.37，说明目前虽然有部分人在使用VR产品，但VR产品的普及程度仍然不算太高。

从不同维度来看，消费者感知在整个社会范围内的VR产品流行程度最高，为2.79，其次是同事/同学和亲朋好友，分别为2.49和2.32，在家人中感知到的VR产品流行程度最低，为1.89。从消费者的主观视角来看，他们感知到的社会普遍范围内的VR产品受欢迎度是高于在人际交往关系中感知到的受欢迎度的，说明目前虽然VR的概念已在社会上成为一种流行趋势，但VR产品的使用和消费尚未遍及，VR产品的营销和推广与真正地走进千家万户仍有一定距离。

二、不同VR消费者类型的感知受欢迎度差异

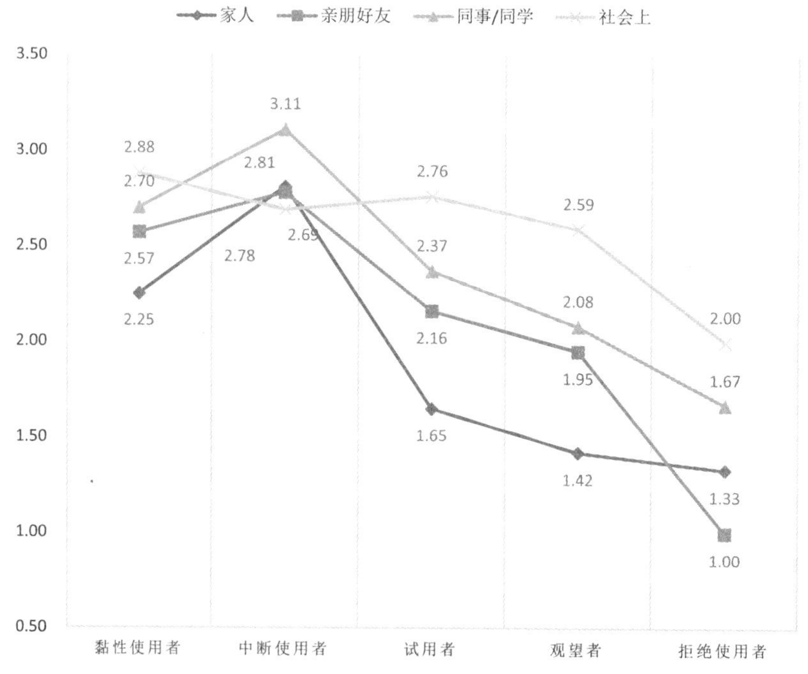

图8　不同消费者类型的感知受欢迎度差异

以消费者类型为因子，对感知特性进行方差分析，统计结果显示，

VR黏性使用者、VR中断使用者、VR试用者、VR观望者和拒绝使用者在家人、亲朋好友、同事/同学和社会上的VR感知受欢迎度均存在显著差异（F从5.573到67.204，$p<0.001$）。

如上图所示，与其他类型消费者最为不同的是，中断使用者在包括家人、亲朋和同事/同学在内的人际关系群体内的感知受欢迎度最高，并且差距较小，可以推理这类VR消费者人际关系群体内（尤其是同事/同学中）存在一定人数正在使用VR产品，这为此类消费者体验和使用VR产品提供了一定的条件。而对于试用者和观望者来说，在家人和亲朋这种更为亲密的人际关系内感知的VR流行程度则明显低于黏性使用者，在社会整体的感知流行度则与黏性使用者相当。

三、消费者VR感知受欢迎度的影响因素

根据相关分析结果，不同性别的消费者在同事/同学群体内感知的VR受欢迎程度有显著差异，与女性相比，男性在同事/同学关系中感知到的VR产品使用更为普遍（$r=0.044$，$p<0.05$）。

不同年龄和月收入的消费者在家人群体内感知的VR受欢迎度均有显著差异，消费者年龄越大，VR产品在家庭中越受欢迎（$r=0.043$，$p<0.05$）；消费者收入越高，VR产品在家庭内部越受欢迎（$r=0.048$，$p<0.05$）。

从职业类型上看，与学生群体相比，上班族在家人（$r=-0.054$，$p<0.01$）、亲朋好友（$r=-0.059$，$p<0.01$）和同事/同学关系（$r=-0.048$，$p<0.05$）人际关系中的VR感知受欢迎度更高，在整个社会范围内的感知受欢迎度不显著（$r=-0.024$，$p>0.05$）。

VR设备购买行为显著影响消费者的VR感知受欢迎度，已有私人化VR设备的消费者在所有群体范围内的感知受欢迎度均显著高于尚未购买过VR设备的消费者（r从0.054到0.349，$p<0.001$）；学历对消费者的VR感知受欢迎度不存在显著影响（$p<0.05$）。

值得注意的是，消费者在四类不同的社会群体范围内的感知受欢

迎度均是显著正相关的，其中家人和亲朋好友之间的相关度最高，即消费者亲朋好友中使用VR产品的人越多，其家人对VR产品的使用人数越多。可以看出，VR产品的营销在现阶段比较适合以目标用户为中心的人际范围内的推广策略，尤其是以高收入职场人士群体为中心的人际营销策略。

表2　感知受欢迎度与人口学变量、VR设备购买行为的相关性分析结果

	家人	亲朋好友	同事/同学	社会上
性别（女=0）	0.031	0.034	0.044*	−0.014
年龄	0.043*	−0.008	0.009	−0.022
学历	0.025	−0.006	0.033	−0.025
职业（学生=1, 非学生=0）	−0.054**	−0.059**	−0.048*	−0.024
月收入	0.048*	0.013	0.035	−0.017
购买VR设备（否=0）	0.349***	0.245***	0.170***	0.054**
家人	1			
亲朋好友	0.644***	1		
同事/同学	0.560***	0.575***	1	
社会上	0.390***	0.512***	0.498***	1

注：*p<0.05，**p<0.01，***p<0.001

四、小结

本节通过感知受欢迎度指数体现消费者对VR在不同群体内流行程度的主观感知，从整体上看，目前虽然有部分人已在使用VR产品，但VR产品的普及程度仍然不算太高。

除中断使用者外，其他类型的消费者在人际关系外部感知的VR流行程度均高于人际关系内部，说明现阶段VR的概念已在社会上成为一种流行趋势，但VR产品的营销和推广与真正地走进千家万户仍有一定距离。

消费者的感知受欢迎度受到多种因素的影响。第一是VR设备购买

行为，购买VR设备的消费者在家人、亲朋、同事/同学和社会四个维度的感知受欢迎度均比为购买的消费者更高；第二，与学生相比，VR在上班族人际关系内部更受欢迎；第三，VR在收入和年龄高的消费者家庭内部更受欢迎；最后，感知受欢迎度各个维度之间均呈现显著的正相关关系，其中家人和亲朋好友之间的相关度最高，说明VR产品的营销在现阶段比较适合以目标用户为中心的人际范围内的推广策略，尤其是以高收入职场人士群体为中心的人际营销策略。

第三节　消费者对VR使用需求的主观感知

权衡需求理论[①]认为只有当用户发现生活中某项重要需求无法通过传统媒体得到满足，并且某种新媒体可以使该需求得到满足时，用户才会接受并持续使用这一新媒体，该理论基于使用与需求理论中的预期价值和问题解决理论，能够体现新、旧媒体在需求满足上的竞争关系，用户对新媒体的感知需求为各个需求层面上新旧媒体满足程度的差值乘以该层面对用户的重要性的总和。故在这一变量的测量上，我们首先用李克特五分量表分别测量消费者在以下六个不同层面需求上借助VR产品与传统媒体的满足程度：（1）获取到关于商品/服务的有效信息（如VR在线展览、VR试车）（2）逃避现实的情绪/状态（3）增强自我认同（4）拥有真实、刺激的娱乐体验（如VR影视、VR游戏）（5）满足社交需求，帮助自我表达观点、获得情感支持（如VR直播、VR男女友）（6）在无聊时打发时间，其中，1表示“完全不满足”，5表示“完全满足”；然后，将消费者对于不同层面需求根据重要性加权，最终得到消费者对于VR产品的整体感知需求。

① 陈烁.“碎片化”时代网络用户使用场景研究——对媒介权衡需求理论的补充[J].科技传播,2016,8(1):4+16.

一、消费者对VR的感知需求

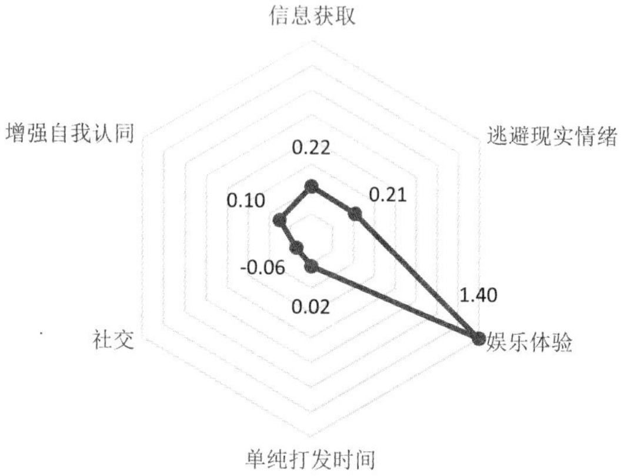

图9　消费者不同层次的感知需求指数①

现阶段，VR消费者的整体感知需求指数为1.899>0，与传统的媒介形式相比更高，从整体上看，他们对于VR有正向的使用需求趋势。

从不同层次的需求来看，消费者在信息获取、情绪调节、自我认同和娱乐层面的需求正向驱动着其体验或使用VR技术应用及产品，感知需求指数分别为0.22、0.21、0.1和0.02。其中，消费者普遍认为，娱乐体验是VR与报纸、电视、互联网等其他媒介形式相比最大的功能优势，这一层次的感知需求指数为1.40，明显高于其他层面的需求。

VR具有沉浸感和临场感的技术特性，在增强和提升娱乐体验感上具有巨大的优势，目前的大众化消费级VR设备也以游戏、影视等娱乐功能为主打。相比传统媒介而言，消费者对VR的娱乐体验功能显然最为重视，同时，他们并不寄希望于通过VR表达观点和获取情感支持来满足社交层面的需求，社交需求指数为–0.06<0。

① 感知需求指数大于0，则消费者对VR产品在这一层次的需求大于传统媒介产品。

二、不同VR消费者类型的感知需求差异

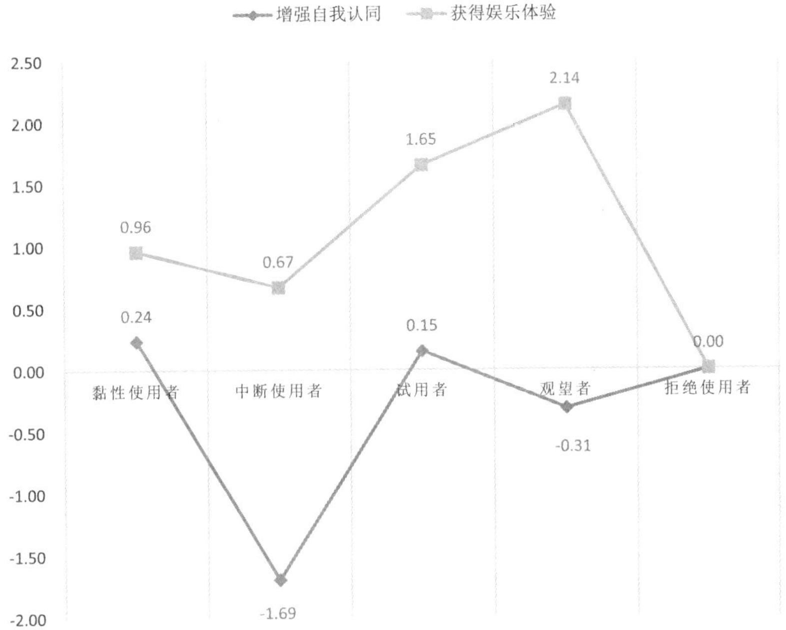

图10　不同消费者类型的感知需求指数差异

以消费者类型为因子，对感知特性进行方差分析，统计结果显示，VR黏性使用者、VR中断使用者、VR试用者、VR观望者和拒绝使用者仅在自我认同（$F=3.861$，$p<0.01$）和娱乐体验（$F=3.783$，$p<0.01$）层面的VR感知需求存在显著差异。

如上图所示，对于所有类型的VR消费者来说，通过VR增强自我认同的需求均低于对娱乐体验层面的需求。只有VR黏性使用者和VR试用者两类消费者在对VR有较弱的正向的增强自我认同需求，分别为0.24和0.15，对比来看，VR观望者的娱乐体验需求显著高于其他所有消费者类型，需求指数为2.14，但在增强自我认同层面的需求则呈负向，仅为-0.31。可以看出，对于VR试用者和VR观望者此类潜在VR消费者群体，能够提供优质娱乐体验的VR产品更能获得他们的青睐。

三、消费者VR感知需求的影响因素

根据相关性分析结果，消费者通过VR产品获取商品或服务的有效信息（如VR展览、VR试车等）的需求有显著的性别差异（$r=-0.047$，$p<0.05$），女性消费者在这个层面的感知需求明显高于男性消费者，而在娱乐体验、逃避现实情绪、增强自我认同和社交等其他层面的需求不存在显著的性别差异。

年龄与“增强自我认同”需求存在显著的正相关关系（$r=0.046$，$p<0.05$），消费者年龄越大，通过VR增强自我认同的感知需求越高；学生群体在通过VR产品无目的消磨时间层面的需求与非学生群体相比更高（$r=0.046$，$p<0.05$）。

同时，消费者对VR产品在“获得真实刺激的娱乐体验”“逃避现实情绪”两个层面的感知需求受到学历的影响，具体体现为：学历越高，通过VR来逃避现实情绪（$r=0.062$，$p<0.001$）和获得真实刺激娱乐体验（$r=0.054$，$p<0.01$）的需求更大。

值得注意的是，已购入VR设备的消费者对VR娱乐体验的需求与未购入VR设备的消费者相比更低（$r=-0.094$，$r<0.01$），在其他层面的感知需求均无显著差异。此外，感知需求各层次之间也存在一定的相关性，如下表所示，除“增强自我认同”与“逃避现实情绪”的需求呈负相关关系外（$r=-0.047$，$p<0.05$），其他均为正相关关系（r从0.048到0.159，$p<0.05$），其中娱乐体验和逃避现实情绪的相关性最高（$r=0.159$，$p<0.001$）；存在四组不相关关系：获取信息与逃避现实情绪（$r=-0.036$，$p>0.05$）、获取信息与单纯打发时间（$r=0.04$，$p>0.05$）、增强自我认同与社交（$r=0.006$，$p>0.05$）、单纯打发时间与社交（$r=-0.02$，$p>0.05$）。

表3　感知需求与人口学变量、VR设备购买行为的相关性分析结果

	获取信息	逃避现实情绪	增强自我认同	娱乐体验	社交	单纯打发时间
性别（女=0）	–0.047*	–0.022	–0.006	–0.04	0.029	–0.001
年龄	0.022	0.009	0.046*	–0.017	–0.021	–0.021
学历	0.033	0.062***	0.003	0.054**	0.015	0.017
职业（学生=1, 非学生=0）	0	0.011	–0.023	0.018	0.034	0.046*
月收入	0.006	0.017	0.029	–0.001	–0.016	–0.026
购买VR设备（否=0）	–0.032	–0.008	–0.024	–0.094**	–0.013	0.007
获取信息	1					
逃避现实情绪	–0.036	1				
增强自我认同	0.048*	–0.047*	1			
娱乐体验	0.067**	0.159***	0.086***	1		
社交	0.096***	0.084***	0.006	0.069**	1	
单纯打发时间	0.04	0.088***	0.052*	0.048*	–0.02	1

注：*p<0.05，**p<0.01，***p<0.001

四、小结

本节通过感知需求指数体现消费者对VR使用需求的主观感知，共分为六个维度，感知需求指数越高，说明消费者认为VR在该层面需求的满足程度比传统媒体更大。从整体上看，消费者对于VR有正向的使用需求趋势。从不同层次的需求来看，消费者在信息获取、情绪调节、自我认同和娱乐层面的需求正向驱动其使用VR产品，但他们并不寄希望于通过VR表达观点和获取情感支持来满足社交层面的需求。

消费者对通过VR获得真实刺激的娱乐体验的感知需求指数明显高于其他层面，VR具有沉浸感和临场感的技术特性，在增强和提升娱乐体验感上具有巨大的优势，目前的大众化消费级VR设备也以游戏、影

视等娱乐功能为主打，相比传统媒介而言，消费者对VR的娱乐体验功能显然最为重视。

在不同类型消费者之间，仅有娱乐体验和自我认同两个层面的感知需求指数存在显著差异，其他层面的需求差异并不大。包括试用者和观望者在内的VR潜在消费者群体的娱乐体验需求明显高于黏性使用者，对此类潜在VR消费者群体，能够提供优质娱乐体验的VR产品更能获得他们的青睐。

消费者的感知需求受到多种因素的影响。第一，各维度之间具有一定的内在共线性，其中，逃避现实情绪与获得娱乐体验的正相关性最高，逃避现实情绪与增强自我认同呈负相关性；第二，在获取信息层面，女性的感知需求比男性高；第三，学历越高，通过VR逃避现实情绪和获得娱乐体验的需求越大；第四，年龄越大，通过VR增强自我认同的需求越大；第五，学生群体比上班族更可能通过VR产品来单纯打发时间；最后，购买了VR设备的消费者在娱乐体验上的感知需求更低。

第四章

消费者对VR的主观认知与想象

最后，在问卷调查中，我们请消费者对未来VR的普及程度在-10分和10分之间打分，计算得到的均值为7，现阶段消费者对VR的普及程度有很大的信心。

此外，我们还开放性地询问了参与者提到VR会想起哪些关键词，根据关键词文本，我们进行了词频分析、语义聚类分析和共现关系分析，并制作词云和中心度前20的词语之间的共现关系网络，以此展示如今消费者感知到的虚拟现实技术的价值、特征和主要应用，并构建消费者对虚拟现实的主观认知。

图1　词云图

第一节　词频分析

首先，我们借助gooseeker平台进行初步分词，结果显示文本中共出现了871个不同词语，经过人工的二次筛选与打标，共得到535个表意清晰的词组，如下表所示：

表1　词频列表

科技	422	开心	8	情感	4	触摸	2	播放器	1
虚拟	375	冲击	8	质量	3	刷牙	2	长见识	1
刺激	343	玩游戏	8	现场	3	心跳	2	科幻电影	1
真实	306	十足	7	动画	3	爽快	2	多元	1
游戏	251	超前	7	包装	3	前线	2	多功能	1
体验	200	厉害	7	虚拟环境	3	记录	2	新世界	1
现实	187	感同身受	7	混合	3	特效	2	多彩生活	1
电影	169	品味	7	装修	3	力量	2	新体验	1
身临其境	148	喜欢	7	强大	3	独特	2	新兴产业	1
创新	109	都用	7	强烈	3	环境	2	科技馆	1
高科技	108	知识	7	观看	3	动作	1	新型	1
先进	87	数据	7	激动	3	情操	1	大作	1
时尚	85	新潮	7	解压	3	贡献	1	大力推广	1
未来	82	新鲜感	7	制造	3	动向	1	稀有	1
智能	81	头盔	7	计算机	3	情景	1	大方向	1
技术	79	高清	7	特别	3	质感	1	大片	1
眼镜	77	代入	7	设计	3	情绪	1	交友	1
有趣	70	更加	7	快速	3	惊叹	1	交际	1
发展	60	梦幻	7	现代感	2	贴心	1	产业	1
好玩	60	年轻	7	动态	2	助手	1	无聊	1
潮流	58	表达	7	现代科技	2	惊吓	1	惊险	1
模拟	48	清晰	7	现场感	2	现场直播	1	无限	1
视频	47	视角	7	惊喜	2	贴近生活	1	第二世界	1

续表

视觉	46	愉悦	6	惊奇	2	资讯	1	亲临现场	1
便捷	45	电影院	6	惊讶	2	赛车	1	夸张	1
沉浸	45	过瘾	6	现实生活	2	化虚	1	亲身经历	1
方便	40	社交	6	惊险	2	惊险刺激	1	简约	1
立体	37	丰富	6	医疗保健	2	理想	1	高技术	1
世界	36	增加	6	想要	2	医院	1	奢华	1
真实感	35	支持	6	想象	2	惠民	1	奥妙	1
高端	35	了解	6	意境	2	赶潮流	1	奥秘	1
生活	34	新兴	6	意外	2	想象	1	精致	1
电视	32	昂贵	6	趣味	2	生动有趣	1	好使	1
娱乐	32	高科技产品	6	趣味性	2	起来	1	好奇心	1
手机	31	普及	6	电视剧	2	生活品质	1	鸡肋	1
购物	29	智能化	6	足不出户	2	即时	1	令人兴奋	1
科幻	28	美好	6	足球	2	超市	1	以假乱真	1
进步	26	体验生活	6	感知	2	超强	1	智能家居	1
新奇	26	兴趣	6	盛宴	2	参与度	1	价格不菲	1
逼真	24	观点	6	软件	2	用途	1	价格昂贵	1
实用	23	影视	6	轻松	2	超越自我	1	缓解	1
新颖	22	心情	6	手机游戏	2	发展前景	1	网络游戏	1
满足	21	认同感	6	近在眼前	2	意识	1	实景拍摄	1
感觉	20	现实感	5	一般	2	电子技术	1	置身其中	1
新鲜	20	华为	5	向往	2	电子游戏	1	实用技术	1
高级	20	发展趋势	5	吸引力	2	越来越快	1	期待已久	1
神奇	19	发达	5	品位	2	感到高兴	1	期盼	1
人工智能	19	直观	5	商场	2	变化	1	美好未来	1
快乐	19	还原	5	眩晕	2	变形金刚	1	射击	1
趋势	18	三维	5	着迷	2	感情	1	机遇	1
流行	18	吸引	5	在用	2	感染力	1	耐人寻味	1
场景	17	上档次	5	金融	2	画面感	1	小派	1

续表

快捷	16	真实性	5	改变	2	足球比赛	1	耳机	1
感官	15	追赶	5	阿凡达	2	畅玩	1	小米	1
释放	15	东西	5	乐趣	2	跑步	1	植物人	1
时间	15	社会	5	科技前沿	2	成为	1	展览馆	1
视觉效果	15	临场	5	音乐	2	疯狂	1	工业化	1
直播	14	旅游	5	互联	2	可期	1	模仿	1
震撼	14	立体感	5	顺手	2	痛快	1	脱离	1
领先	14	人生	5	互通	2	可比性	1	信息化	1
时代	14	好奇	5	方便快捷	2	成就感	1	市场经济	1
自我	14	紧张	5	太好了	2	身历其境	1	正在流行	1
电脑	13	服务	5	立体电影	2	可视	1	自由自在	1
大家	13	联想	5	风靡一时	2	成熟	1	平民化	1
高效	13	使用	5	无线	2	目镜	1	良好	1
获得	13	模拟游戏	5	头晕	2	合作	1	充实	1
虚幻	13	舒服	5	亲临其境	2	合理化	1	年龄	1
冒险	13	比较	5	驾驶	2	轻松愉快	1	节奏	1
动感	12	全方位	5	奇幻	2	战地	1	全境	1
放松	12	广阔	5	时代感	2	战场	1	幻觉	1
互动	12	全面	5	奇遇	2	直观性	1	幻象	1
便利	12	影像	5	时髦	2	相互	1	营销	1
现代	12	认同	5	精神	2	运动	1	广告创意	1
打发	11	前景	5	有意思	2	后期合成	1	全景式	1
增强	11	快感	5	网吧	2	相亲	1	全真	1
需求	11	生动	4	实体	2	相机	1	海量	1
前沿	11	想象力	4	网络	2	省力	1	虚拟性	1
设备	11	超级	4	实景	2	三星	1	消磨	1
现代化	10	超越	4	会议	2	看到	1	融合	1
压力	10	电子	4	实现	2	听觉	1	兴奋	1
感受	10	越来越	4	室内	2	看片	1	消遣	1
专业	10	画面	4	家居	2	进取	1	淋漓尽致	1

续表

享受	10	距离	4	机器	2	技术化	1	再现	1
奇妙	10	打游戏	4	耐用	2	技术含量	1	渲染	1
结合	10	三维空间	4	标准	2	远程	1	写实	1
舒适	10	探险	4	梦境	2	连接	1	游戏机	1
医疗	9	神秘	4	梦想	2	真好	1	形象	1
品质	9	科学	4	展示	2	迷失	1	切实	1
眼睛	9	教育	4	便民	2	拍摄	1	切身体会	1
不错	9	科技进步	4	已久	2	品牌	1	影像	1
科技化	9	女友	4	信赖	2	挑战	1	创造力	1
空间	9	索尼	4	自由	2	振奋	1	视野	1
交互	9	智慧	4	年轻化	2	排解	1	灵动	1
产品	9	细节	4	全息	2	探索	1	别具一格	1
简单	9	智能手机	4	全新	2	睿智	1	炫目	1
好看	9	伟大	4	虚实	2	控制	1	微妙	1
视觉享受	9	使用方便	4	浪漫	2	专业化	1	触觉	1
前卫	9	自信	4	海底	2	回忆	1	刺激性	1
操作	8	健康	4	消费	2	推广	1	忘记	1
大气	8	年轻人	4	深入	2	知名	1	快捷性	1
精彩	8	汽车	4	满满	2	专业性	1	玄妙	1
仿真	8	幻想	4	创意	2	研发	1	试车	1
完美	8	全景	4	影院	2	硬件	1	恐怖	1
机器人	8	激情	4	创造	2	地图	1	功能强大	1
信息	8	加油	4	利用计算机	2	摄像	1	环保	1

其中出现频率最高的词是“科技”，频次为422次，之后依次为“虚拟”“刺激”“真实”“游戏”“体验”“现实”“电影”“身临其境”“创新”“高科技”“先进”“时尚”“未来”“智能”“技术”“眼镜”“有趣”等等，在词云图中一目了然。

第二节　高频词语义聚类分析

我们将类似语义的高频词语（≥7）进行聚类，发现对于虚拟现实技术消费者主要提到的几点，包括特征感知、设备表征、相关媒介、应用场景四个方面，并统计了各个主题词被提及的词频总量。

表2　语义聚类表

主题词			参考点	词频
特点	便捷性		便捷 方便 便利	97
	创新性		创新 新鲜感 新奇 新颖 新鲜	184
	体验性	沉浸感	身临其境 感同身受 沉浸	200
		刺激感	刺激 震撼	357
		立体感	立体 立体特效 三维立体	43
		满足感	满足	21
		虚拟感	虚拟 模拟	423
		真实感	真实 现实 真实感 逼真 仿真	560

续表

主题词			参考点	词频
特点	技术性		科技 高科技 智能技术 科技化	691
	交互性		交互 互动	21
	流行性		都用 时尚 新潮 潮流 趋势 流行 品质	202
	前沿性		超前 先进 未来 高端 科幻 高级 神奇 领先 现代 前卫	313
	娱乐性		有趣 好玩 娱乐 快乐 打发时间 放松 释放	219
应用	电影		电影	169
	购物		购物	29
	视频		视频	47
	医疗		医疗 保健	11

续表

主题词			参考点	词频
应用	游戏		（玩）游戏 手机游戏 网络游戏 电子游戏 模拟游戏 游戏机	274
	直播		直播 体育直播 游戏直播 成人直播	15
设备表征			眼镜 头盔	88
相关媒介			电视 手机 人工智能 电脑	95

一、特点感知

消费者感知到的虚拟现实的主要特质有以下几方面：便捷性、创新性、体验性、技术性、交互性、流行性、前沿性、娱乐性。主要特质从侧面反映了VR技术在消费者眼中的价值和不可替代性。从词频分布来看，体验性是被提到最多的性质。体验性强调了VR设备给人带来特殊的感官体验，又可以分为以下六个类别：沉浸感、刺激感、立体感、满足感、虚拟感、真实感。

语义聚类后的词频分布与最初的词频统计结果有所不同。以“虚拟（375）”和“真实（306）”的词频为例，“虚拟”比“真实”更多地被提及。而经过聚类后，真实感包括“真实”“现实”“真实感”“逼真”“仿真”等词语，词频总计560，大于虚拟感的总词频423。除此以外，刺激感相关的表述也被多次提及。从广义的沉浸感来说，真实感、刺激感、立体感、满足感都可以算是沉浸感的一种体现，但是在消费者群体中，这个词语并不是被最多想到的，更多的是直观的感受形容。强烈的感官体验依旧是虚拟现实最大的优势。

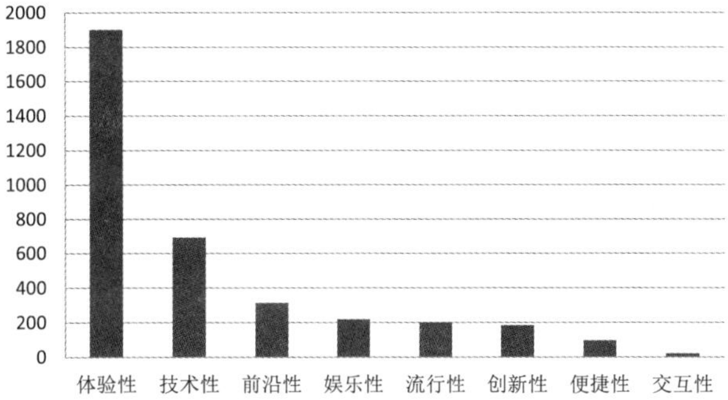

图2　特性词频分布统计

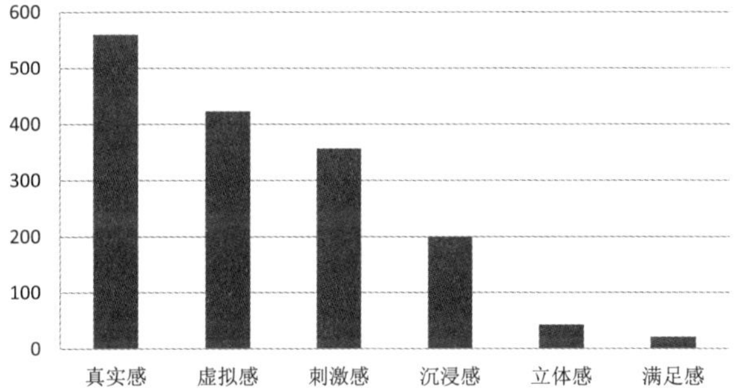

图3　体验性词频分布统计

最高频次词“科技”可以说明，虚拟现实的技术性仍是人们对其本质的解读，结合“高端”“高级”“智能”等形容词，从侧面体现虚拟现实作为高端技术给人们的一种距离感。前沿性是消费者感知到虚拟现实第三个特性，主要表述包括“超前”“先进”“未来”“高端”“前卫”等形容词。

有部分消费者在问卷中提到“大家都在用”，更多的人意识到虚拟现实成为一种“流行趋势”，代表“潮流”和“时尚”，有着势不可挡的发展前景。一方面，虚拟现实技术确实正处于转型阶段，在日益平民化、商业化；另一方面，它作为一种相对小众的媒介，结合其体验性特点，消费者在朋友家里使用体验后决定购买设备的可能性很高。在提到VR与生活时，很多人认为虚拟现实象征着一种“智能生活”“先进生活”“未来生活”“品质生活”。从这点来看，虚拟现实技术的文化理念营销可能是下一步发展的方向。

娱乐性和流行性被提及的频次接近，从“有趣”“好玩”“快乐”等词汇，我们可以看出娱乐性、虚拟现实性还是消费者主要感知到的使用价值之一。

交互性本是虚拟现实的三大特点之一，但在问卷中被提及得最少。可见，现阶段虚拟现实技术的交互性还不能很好地满足消费者，消费者更多的是沉浸在刺激的内容中，参与虚拟现实世界的创造感较少。

二、应用场景

在消费者眼中，虚拟现实最为人知的应用领域是游戏和电影，随着虚拟现实在人们生活中的普及，医疗和购物的应用也渐渐被人们了解。“购物”和“医疗”方面的应用也开始被提及，但是能想到这方面应用的消费者还是占少数。

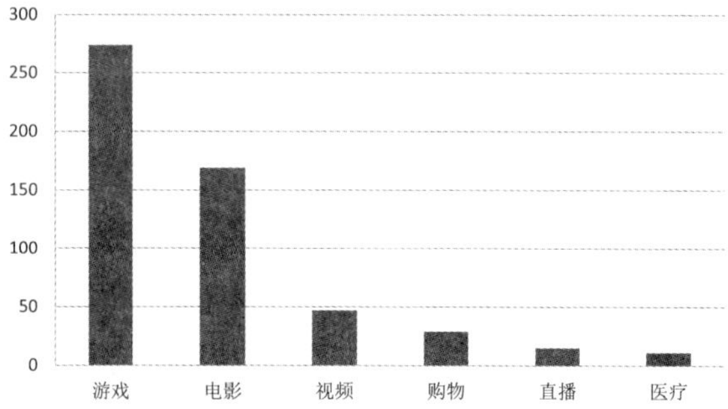

图4　应用性词频分布统计图

在游戏、视频、直播领域，基于VR设备的成人色情产业被提及，虽然频次不高，但仍值得注意。色情产业作为一种感官娱乐产业，一直对新的媒介技术的推广有着不可忽视的作用，而虚拟现实互动性和沉浸感强的特点与感官娱乐产业追求的效果十分契合。事实上，国外知名成人网站Pornhub很早就发布了全新的、免费的VR频道，这一系列措施促进这样“上不了台面”的公司进入大众市场。有报道认为与色情产业结合对虚拟现实技术在2016年VR高峰之后发展势头有所放缓的情况能够起到积极的作用①。尽管如此，制作散布色情淫秽内容在我国是扰乱社会秩序、破坏社会稳定的非法行为。这一灰色应用场景将会带来的新道德伦理和社会管理问题。一旦VR内容制作技术也全民化以后，会不会产生新的出版管理困境，还有待时间检验。

三、设备表征与媒介类比

在对虚拟现实的表征中，“眼镜”和“头盔”两种设备外形被频繁地提及。外部设备给消费者留下这项技术的第一个直观印象，因此设备在造型上可以进一步改进，增强便携性和美观程度。

许多消费者将虚拟现实与（智能）手机、（智能）电视、人工智能联系在一起，在对虚拟现实较为模糊的认知中通过类比来理解和定义这种技术。这既反映了虚拟现实作为一种新兴的高端媒介，在各种报道和咨询中与智能设备等新媒介相提并论，也反映了消费者可能并没有感受到虚拟现实作为一种媒介技术的革命性，只是意识到了其中创新的成分。

总的来说，在消费者眼中，虚拟现实是一种新兴而高端的科技，以提供刺激的虚拟体验为主要功能，象征未来的高品质生活，引领着流行趋势。

---

① 腾讯网. 海外老司机解读：VR色情为何能帮助VR产业重振雄风?[DB/OL]. https://games.qq.com/a/20170517/032120.htm.

第三节　词语共现关系网络分析

通过计算共现矩阵①，对中心度前二十的词语进行网络分析。中心度高意味着某对词语描摹了被调查者对虚拟现实本质的一种共识。我们发现“真实”“刺激”“虚拟”“体验”形成了一个完备的路径图，每两个词之间都有较强共现关系。单独分析前六个高频词汇的共现关系，可以看出，消费者在将虚拟现实定义为一种科技时，往往会同时加以“创新”“发展”“先进”“未来”“智能”等形容。“游戏”和“电影”具有很强的共现关系，提到其中一种应用往往会想到另一种，以这两种应用来解读虚拟现实的消费者，往往强调其虚拟性。“真实”“身临其境”和“刺激”也两两之间具有共现关系，

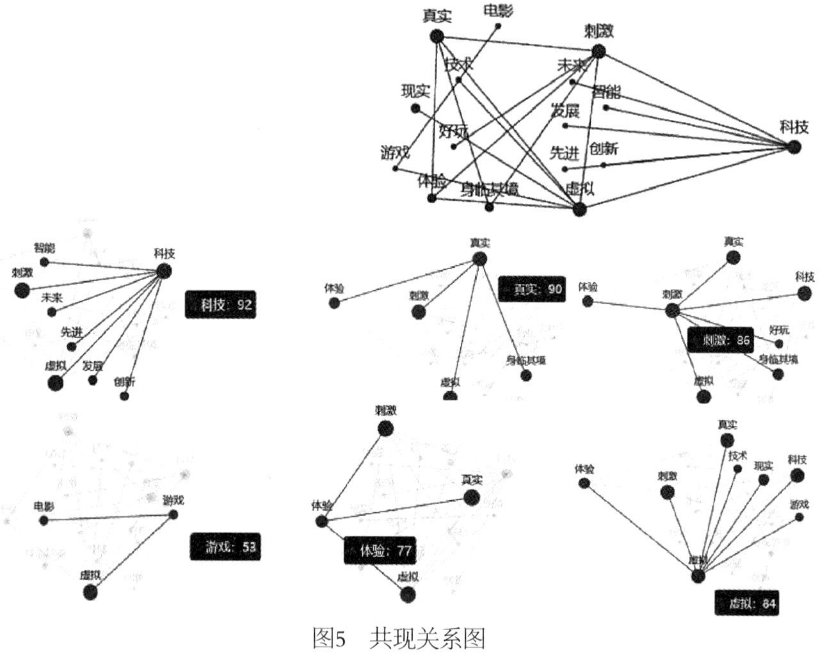

图5　共现关系图

① 同一个参与者提到的关键词之间视为共现关系，共现矩阵即为计算每两个关键词共现的次数。

真实的、身临其境的感觉正是刺激的来源。这体现了很多消费者对虚拟现实技术中身历其境的刺激体验的显著感受，企业在生产娱乐性虚拟现实产品时，应当在真实感上面加大技术投入，满足消费者对这一技术的期待。

除此以外，共现网络图还能够弥补词频分析中因分词产生的“断词取义”的现象，补充解释高频词汇的意思。在分析高频词时，我们发现“世界”“生活”两个词语频率较高，但难以一目了然地理解被调查者的意思。通过制作包含200个词汇的共现网络，我们发现“生活”一词是消费者认为虚拟现实技术代表了“品质”“充实”“未来”“精彩”“便捷”“现代化”的生活。“虚拟”“现实”“世界”三个词互相具有较高的共现关系，我们把这里的“世界”一词理解为“场景”“环境”，也就是说，使用者感知到虚拟现实技术为他们创造一个虚拟现实的环境，其中的世界具有虚拟和现实的双重特性。

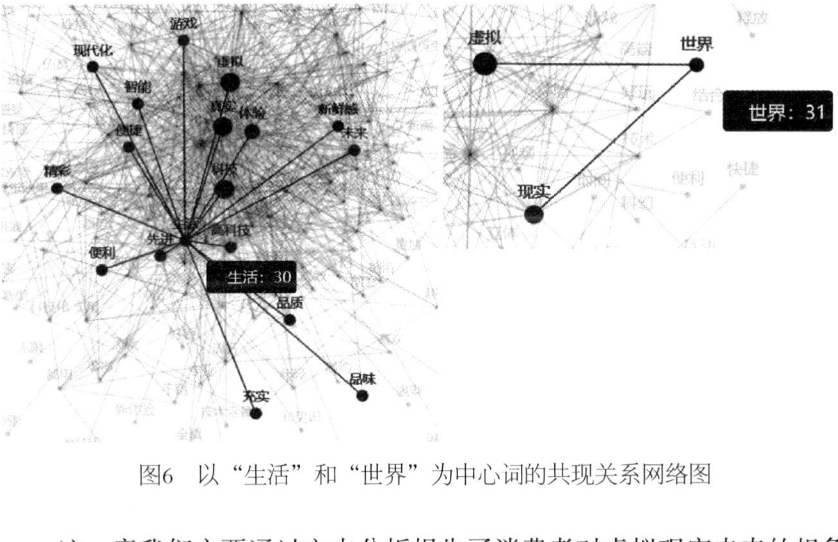

图6　以“生活”和“世界”为中心词的共现关系网络图

这一章我们主要通过文本分析报告了消费者对虚拟现实未来的想象与展望。首先，VR设备给人带来特殊的感官体验，是给消费者留下印象最深刻的技术特征。这是现有虚拟现实最大的优势，也是消费者对其未来继续发展方向的期待。其二，虚拟现实作为一种高科技仍是人们对其本质的解读，这种技术对消费者来说是“高端”“前卫”的。高新技术的商业化后不可避免会走一段高端路线，在这之后是继续保持高端，还是进一步平民化顾及下沉市场，需要商家的考量。其三，越来越多的消费者意识到虚拟现实成为一种“流行趋势”，代表“潮流”和“时尚”的生活。这使虚拟现实技术作为一种生活态度的文化理念营销可能是一个有趣的尝试。除此以外，虽然虚拟现实最为人知的应用领域是游戏和电影，但是医疗和购物的应用也渐渐被人们提及和期待。

更多的真实感、更刺激的体验、更先进的生活方式、更高端的科技、更丰富的应用场景，是消费者对虚拟现实技术的想象和期待。

附录　调查问卷

尊敬的先生/女上：

您好，首先感谢您在百忙之中抽出时间来填写这份问卷。我们是来自北京师范大学新闻传播学院的研究团队，该问卷的主要目的是调查消费者对于VR（虚拟现实）的理解和认知。

本次调查采用广义上的VR概念，包含交互式虚拟现实设备和360度全景视频等形式的虚拟现实体验。

本次问卷实行匿名制，所有数据只用于统计分析，请您放心填写。题目选项无对错之分，请您按自己的实际情况填写。再次感谢您的支持！

第一部分

1. 您的性别

男

女

2. 您的年龄

20 岁以下

21 – 25 岁

26 – 30 岁

31 – 35 岁

36 – 40 岁

41 – 45 岁

46 – 50 岁

51 – 55 岁

56 – 60 岁

60岁以上

3. 您的学历

高中及高中以下

大专

本科

研究生及以上

4. 您的职业

下岗、待业或无业人员

农民或外来民工

学生

国营、私营、三资企业工人

自由职业者

个体工商户

专业技术人员/教师/医生

商业服务业人员

企业领导或管理人员

机关/事业单位干部

公检法/军人/武警

其他

5. 您的月收入

无收入

1000元以下

1000–3000元

3000–5000元

5000-10000元

10000元以上

6. 您所在地区

北京市

天津市

上海市

重庆市

河北省

山西省

辽宁省

吉林省

黑龙江省

江苏省

浙江省

安徽省

福建省

江西省

山东省

河南省

湖北省

湖南省

广东省

海南省

四川省

贵州省

云南省

陕西省

甘肃省

青海省

台湾省

内蒙古自治区

广西壮族自治区

西藏自治区

宁夏回族自治区

新疆维吾尔自治区

香港特别行政区

澳门特别行政区

海外________________________________

第二部分

7. 您听说过VR吗？

是

否（问卷结束）

8. 您通过什么渠道了解VR技术（多选）

线下VR场所（VR体验店、电影院、KTV、网吧）

社交媒体（微博、微信、论坛、贴吧等）

手机VR App

朋友介绍

电商网站

电视

品牌官网

新闻网站

视频网站

品牌门店、电器卖场

学校课程

公司培训

其他

9. 您听说过以下哪些VR设备品牌（多选）

Oculus Rift

HTC VIVE

索尼PS VR

小派4K VR

大朋 E3

暴风魔镜

华为VR眼镜

三星GEAR VR

谷歌Cardboard

乐视超级头盔

小米VR眼镜

PICO G2

REMAX 4K高清VR一体机

爱奇艺 奇遇

柔宇明月VR一体机

没听说过

其他 ________________

10. 您对哪些主题/领域的VR体验最感兴趣（多选）

旅行和探险

室内装修

医疗保健

汽车

金融服务

游戏

直播

教育

电影和视频

会议

购物

11. 您是否使用/体验过VR产品？

是，并且现在仍使用

是，曾体验过后没再使用

否，没体验过（跳至13题）

12. 您是通过什么渠道使用/体验VR产品？（多选）

线下VR场所（VR体验店、电影院、KTV、网吧）

社交媒体（微博、微信、论坛、贴吧等）

手机VR App

朋友介绍

电商网站

电视

品牌官网

新闻网站

视频网站

品牌门店、电器卖场

学校课程

公司培训

其他

13. 在未来一年内，您将有多大可能使用/体验VR产品？

完全不可能

不太可能

不一定

比较可能

完全可能

第三部分

14. 您是否购买过VR设备？

是

否

15. 您是否有计划购买VR设备？

是

否

16. 您接收什么价位区间的VR设备？

100元以下

100–500元

500–1000元

1000–2000元

2000–3000元

3000–5000元

5000–10000元

10000–20000元

20000元以上

第四部分

17. 您估计，在下列群体中有多少人正在使用VR产品？（1=几乎没有人，2=只有一些，3=适中，4=很多，5=几乎每个人）（量表题）

家人

亲朋好友

同事/同学

社会上

18. 无论您是否使用VR产品，请告诉我您在多大程度上同意以下观点（1=完全不同意，2=不同意，3=部分同意部分不同意，4=同意，5=完全同意）（量表题）

通过VR设备获取内容的体验更加具有临场感、沉浸感

通过使用VR产品，我能够更深入地与内容进行交互

通过使用VR产品，我能够了解到更多内容的细节

使用VR符合我的个人特质

使用VR符合我的实际需求

使用VR符合我的消费方式

VR设备的试用和购买渠道多样

VR设备使用便利、操作简单

VR设备体验舒适

我认为VR产品很容易被用来向周围亲友推荐

我认为VR产品的优势是显而易见的

我认为使用VR产品的用户比其他人形象更好

我认为使用VR产品已经成为品味生活的象征

19. 您认为对于VR产品的使用能够在多大程度上满足您的以下需求？（1=完全不满足，2=不满足，3=适中，4=满足，5=完全满足）

（量表题）

获取到关于商品/服务的有效信息（如VR在线展览、VR试车）

释放或回避现实的情绪

增强自我认同

拥有真实、刺激的娱乐体验（如VR影视、VR游戏）

满足社交需求，帮助我表达观点、获得情感支持（如VR直播、VR男女友）

在无聊时打发时间

20. 您认为对于报纸、广播、电视、互联网等其他传统媒体的使用，能够在多大程度上满足您的以下需求？（1=完全不满足，2=不满足，3=适中，4=满足，5=完全满足）（量表题）

获取到关于商品/服务的有效信息

释放或回避现实的情绪

增强自我认同

拥有真实、刺激的娱乐体验

满足社交需求，帮助我表达观点、获得情感支持

在无聊时打发时间

21. 请您将以下需求，按照重要性由强到弱排序（排序题）

______ 获取到关于商品/服务的有效信息

______ 释放或回避现实的情绪

______ 增强自我认同

______ 拥有真实、刺激的娱乐体验

______ 满足社交需求，帮助我表达观点、获得情感支持

______ 在无聊时打发时间

第五部分

22. 您对VR的普及程度有多大信心？

–10	–8	–6	–4	–2	0	2	4	6	8	10

23. 提到VR，您会联想到什么？（请写下3–5个关键词）

第三部分

2020中国VR行业从业者报告

第一章 研究概述和研究设计

第一节　研究背景和研究目的

一、研究背景

2016年，VR吸引大量投资，形成发展热潮，被业界称为“VR发展元年”。[①]经过三年的发展，VR在跨界领域的表现令人刮目相看。2019年，英国剑桥大学的一项新研究发现，虚拟现实可以比目前的“黄金标准”认知测试更能准确地识别早期阿尔茨海默症。[②]2020年开年的一场疫情，更让公众看到了VR机器人、VR远程诊疗、VR宅家娱乐的可能性。但与其蓬勃发展前景形成鲜明对比的是，目前的VR行业却正处于寒冬。2019年1–10月，VR/AR行业的投融资事件数量进一步下降，为122件。且行业核心技术少，典型应用和龙头企业缺乏，产业发展仍处于跟跑阶段。[③]VR行业似乎正处于发展寒冬。

① 刘茜,周孟博,杨晓林.中外VR产业发展与比较[J].传媒,2019(21):47-49.

② 《VR识别早期阿尔茨海默症胜过“金标准”，准确率约为90%》，虎嗅，2019年5月26日，https://www.huxiu.com/article/301196.html.

③ 2019年中国VR/AR产业投融资白皮书，2019年10月22日，赛迪顾问，http://www.mtx.cn/bps/682526.htm.

二、研究目的

VR行业作为目前智能媒体、媒介融合的一个新面向，其未来的发展，已经不能再仅仅依靠技术进步带来的发展红利，其发展模式亟须转型。而一个合理的融合转型体系，也应该建立在对整个媒介系统内多种元素的统筹与平衡之上，对“人”的关注与思考不可或缺。VR从业者是联系技术、产品、市场、行业、伦理的枢纽，行业面向“人本”的转型将成为其跳出发展僵局的关键路径。而人本融合的关键，在于从业者竞争力和能动性的增强。[①]为此，本文将视角投向VR行业中的从业者，以个体关怀视角，探究从业者目前的基本情况、从业者所在机构的基本情况、从业者对VR产业的看法和态度。以上是本文要回答的第一大问题。

而对于VR从业者的研究中，探讨从业者的职业认同状况及其建构因素尤为重要。较低的职业认同会使个体在态度上因自己作为群体的一员而产生自卑、污名感等情绪，在行为上则表现为排斥群体的基本价值观等；较高的职业认同能够增强该职业群体的吸引力、降低个体离职行为的发生。[②]提高VR从业者的职业认同对行业发展尤为重要。因此，究竟何种因素影响了VR从业者的职业认同以及如何提高VR从业者的职业认同，是本文要回答的第二大问题。

第二节　相关研究回顾

此次VR从业者调研可分为两个面向：一为对VR从业者的基本职业情况进行调研；二为对VR从业者的职业认同状况及建构因素进行探讨。因此，在开展本研究前，需要对目前学术场域内现存的各行业从业

---

① 翁之颢,黄河.媒体融合在智能时代的“人本”转向[J].青年记者, 2019(34): 47-48.

② Blascovich J.et al. (2001) . Perceiver Threat in Social Interactions with Stigmatized Others. Journal of Personality & Social Psychology, 80(2), pp.253—267.

者报告及职业认同状况的相关研究进行简单回顾。

一、VR研究学术场域内——VR从业者鲜有提及

以往对于VR行业的研究聚焦于整体VR行业的发展，以宏观的角度对行业发展进行回顾与展望，并提出发展建议。在CNKI中以“VR”为关键词进行检索，可搜得在新闻传播类CSSCI期刊上发表的94篇文章。这些研究表现出七大面向：VR行业与新闻业的融合（共40篇①）、VR影视（包括电影、电视纪录片，共20篇②）、VR产业发展（共14篇③）、VR作为一种未来媒体（共7篇④）、VR与出版业融合（共6篇⑤）、VR与新媒体融合（共5篇⑥）、VR技术与教育（共2篇⑦）。而对于VR行业中的从业者却鲜有提及。

二、职业认同的概念流变及测量方法

职业认同（career identity, vocational identity）的概念最早是从心理学家Erikson的“自我同一性”（ego identity）理论发展而来的。Holland等则进一步将“职业认同”表述为：个体将自己定义为某个社会群体的一员，并赋予自己该社会群体的典型特征，即主体对职业工作“认同”“接受”的过程和状态。⑧

① 毕子悠,李晨冉.我国灾难新闻VR报道的困境与出路[J].青年记者,2019(20):17-18.

② 张金尧,苏米尔.VR影像叙事:一场全新时空的审美之旅[J].现代传播（中国传媒大学学报),2017,39(06):100-104.

③ VR产业化,未来几何?[J].传媒,2016(18):6-7.

④ 喻国明.VR:具有巨大发展价值空间的未来媒体[J].新闻与写作,2018(07):52-54.

⑤ 柳斌杰.走进智能VR,出版业态更精彩——从数字出版到智能化出版的几个问题[J].传媒,2018(22):9-11.

⑥ 符绍强,夏落兰.基于媒体融合的VR新闻研究[J].传媒,2018(21):67-70.

⑦ 孙豪.高校教育对VR行业的认知与人才培养[J].青年记者,2017(29):121-122.

⑧ Holland J.L., Johnston J.A., Asama N F.(1993). The Vocational Identity Scale: A diagnostic and treatment tool. Journal of Career Assessment, 1(1), 1-12.

在职业认同的测量方面，Holland等编制的VIS职业认同量表是单一维度测量方式的代表。他认为职业认同是指个人对于职业目标、兴趣、理念和价值观等清晰稳定的认识，能够帮助个体在面对不确定的环境时进行职业行为决策。[①]该量表的基本原理是：职业认同意味着个体持有一个清晰稳定的有关自己的目标、兴趣和能力的图式，这些特性导致个体在面对环境的不明确时，能够顺利进行职业决策，而不产生决策困难。量表由18个题目组成，采用0和1记分的方式，总分越高表明个体持有的职业认同越清晰稳定。[②]学者Melgosa则认为职业认同具有不同的发展阶段，每个阶段的测量方式都有不同的理论依据。因此他将职业认同分为习得、中止、拒绝和扩散四个阶段，并编制了OIS职业认同量表。[③]

我国目前对于职业认同的研究，多集中于医生、护士、教师等行业，在前人的研究基础上探索出更加完备的职业认同测量方法。如魏淑华等在测量教师的职业认同感时，借鉴OIS量表，并通过因子分析法将职业认同分为"职业价值观""角色价值观""职业归属感"和"职业行为倾向"四个维度。[④]近年来，不少传播学学者也将视野投向新闻从业者和新闻专业大学生，测量其职业认同状况。如陶建杰等将职业认同划分为职业价值、职业自信、职业兴趣和职业预期四个维度，并研究了校内教育和校外实习对职业认同的影响。[⑤]丁汉青等则将职业认同划分

---

① Holland J.L., Gottfredson D.C & Power P.G (1980) Some Diagnostic Scales for Research in Decision Making and Personality: Identity,Information,and Barriers. Journal of Personality & Social Psychology, 39(6), pp.1191-1200.

② 高艳，乔志宏，宋慧婷.职业认同研究现状与展望[J].北京师范大学学报(社会科学版),2011(04):47-53.

③ Melgosa J. (1987). Development and Validation of the Occupational Identity Scale. Journal of Adolescence, 10(4), pp.385—397.

④ 魏淑华，宋广文，张大均（2013）我国中小学教师职业认同的结构与量表，教师教育研究，（1），55-60页。

⑤ 陶建杰，张涛.上海地区新闻专业本科生的职业认同及其影响因素.国际新闻界，2016年第8期。

为职业认知认同、职业情感认同、职业行为认同三个维度，并探究了新闻教育、实习环境对以上三个维度的影响。[①]前人对于各行各业从业者职业认同的调研，为本次开展对于VR行业从业者职业认同的调研提供了经验借鉴。

第三节　问卷设计

本研究采用问卷调查的方法进行，问卷分为四部分。第一部分调查了从业者的人口特征，统计信息包括性别、年龄、学历、是否有海外学习背景、婚姻状况、专业、VR行业从业时间、在VR行业中的从业类型（分为VR技术开发员、VR内容制作者、VR设备开发者、其他四类）、进入VR行业的原因、月收入、地域、日工作时长等因素。第二部分研究了从业者所在公司的基本情况，包括公司成立时间、公司类型（分为VR内容生产行业、VR设备制造行业、VR技术开发行业、其他四类）、公司产品的主要购买人群、应用渠道、宣传渠道五类因素。第三部分通过李克特五级量表测试了VR从业者的职业认同感及职业获益感，职业认同感可进一步细分为职业认知认同、职业情感认同与职业行为认同三类。第四部分使用李克特五级量表测试了从业者所在机构人员流失率、行业人员流失率、目前大众对VR技术的了解程度的看法；使用打分（-10分~10分，-10分为非常不乐观，10分为非常乐观）的形式，测试了从业者对VR行业现状、未来发展及目前普及度的态度，使用多选题形式询问了从业者对造成VR行业人员流失、阻碍VR行业进一步发展的因素的看法。

本次调查使用Qualtrics问卷平台，于2020年2月2日至3月3日，约一个月的时间内，在国内数个VR行业从业者微信群中进行滚雪球式分

① 丁汉青,王军.冲突与协调:传媒从业者后备军职业认同状况研究——以北京某高校新闻学院在校生为例[J].国际新闻界,2019,41(02):113-131.

发。共获得有效问卷226份，其中男性143人，女性83人。

第四节　研究假设

一、研究假设

除了对VR从业者及其所在机构的基本情况进行了解，本书还试图探究VR从业者职业认同的建构因素。基于对职业认同相关文献的回顾，作者采取丁汉青、王军的观点，将职业认同进一步划分为职业认知认同、职业情感认同、职业行为认同三个维度。[①]将影响VR行业从业者职业认同感的建构因素设置为：所在机构的人员流失率、对VR行业人员流失率的判断、对目前VR行业现状的态度、对未来VR行业发展的态度、职业获益感五个因素。并提出一系列假设：

假设1：所在机构人员流失率显著影响VR从业者的职业认同。

假设1可进一步细化为：

H1a：从业者所在机构的人员流失率越高，其职业认知认同越低。

H1b：从业者所在机构的人员流失率越高，其职业情感认同越低。

H1c：从业者所在机构的人员流失率越高，其职业行为认同越低。

假设2：对VR行业人员流失率的判断显著影响从业者的职业认同。

假设2可进一步细化为：

H2a：对VR行业人员流失率的判断显著影响从业者的职业认知认同。

H2b：对VR行业人员流失率的判断显著影响从业者的职业情感认同。

H2c：对VR行业人员流失率的判断显著影响从业者的职业行为认同。

① 丁汉青,王军.冲突与协调:传媒从业者后备军职业认同状况研究——以北京某高校新闻学院在校生为例[J].国际新闻界,2019,41(02):113-131.

假设3：对目前VR产业发展态度的判断显著影响从业者的职业认同。

假设3可进一步细化为：

H3a：对目前VR行业的发展态度显著影响从业者的职业认知认同。

H3b：对目前VR行业的发展态度显著影响从业者的职业情感认同。

H3c：对目前VR行业的发展态度显著影响从业者的职业行为认同。

假设4：对未来VR行业的发展态度显著影响从业者的职业认同。

假设4可进一步细化为：

H4a：对未来VR行业的发展态度显著影响从业者的职业认知认同。

H4b：对未来VR行业的发展态度显著影响从业者的职业情感认同。

H4c：对未来VR行业的发展态度显著影响从业者的职业行为认同。

张瑞玲等对护士的研究中发现，职业获益感与职业认同各维度因素存在正相关性。[①]申童等对外科护理人员的研究中同样发现职业获益感与职业认同感两者呈正相关。[②]那么在VR从业者中，是否也存在此种效应？为回答此问题，本文提出假设5。

假设5：VR行业从业者的职业获益感越高，则其职业认同感越强。

假设5可进一步细化为：

H5a：VR行业从业者的职业获益感越高，则其职业认知认同越强。

H5b：VR行业从业者的职业获益感越高，则其职业情感认同越强。

H5c：VR行业从业者的职业获益感越高，则其职业行为认同越强。

而在对于教师职业认同感的调查中，陈辉等发现：从理论上讲，教师职业认同的结构是由职业自我认知、职业效能体认及职业行为评价三个因子构成的有机整体，这三者之间是一种相互联系、相互促进的

① 张瑞玲,王玉英,陈彩林,吴旭友,王海婷,马红霞.护士职业倦怠、职业认同、组织承诺与职业获益感的相关性[J].当代护士(中旬刊),2020,27(02):127-130.

② 申童,云娜,孙晓昱.外科护理人员职业获益感现状及与职业认同感的相关性[J].工业卫生与职业病,2019,45(05):343-345+351.

关系。[①]那么在VR从业者的职业认知认同、职业情感认同与职业行为认同之间是否也存在相互影响？为回答此问题，本文提出以下三个研究假设：

H6：VR从业者的职业认知程度越高，则其职业情感程度越高。

H7：VR从业者的职业情感程度越高，则其职业行为程度越高。

H8：VR从业者的职业认知程度越高，则其职业行为程度越高。

二、变量测量

1. 职业认知认同

职业认知认同是指个人对于职业、对社会和对自己的重要性的理解，这不仅包括个人对所从事职业的社会功能、必要的行为准则、标准判断和专业技能的理解，还包括个人对所从事行业重要性的理解。本文将职业认知认同的两个因子设置为："工作内容"（Cronbach's α=0.612）、"发展前景"（Cronbach's α=0.885）。"工作内容"包括"我认为我的工作并不辛苦""我对我的工作很感兴趣"两个题项，"发展前景"包括"我认为我所在的单位很有发展前景""我认为VR行业很有发展前景""如果再来一次，我仍会选择VR行业"三个题项。经spss分析，测得克隆巴赫系数为0.859，具有非常好的信度；KMO取样适切性量数为0.841（$P<0.05$），具有非常好的结构效度。

2. 职业情感认同

职业情感认同是指从业者对于VR职业情感上的认同。参照丁汉青等问卷设计，本文也将职业情感认同的四个因子设置为："喜爱度"（Cronbach's α=0.932）、"自豪感"（Cronbach's α=0.810）、"归属感"（Cronbach's α=0.750）、"忠诚度"（Cronbach's α=0.649）。其中"喜爱度"包括"我非常热爱VR职业""我对于VR行业充满热情"

① 陈辉，甄孝丽.中学政治教师职业认同的结构与测量[J].现代基础教育研究,2016(01):71-76.

两个题目；“自豪感”包括“我总是很自豪地跟别人表示我来自VR行业”“我非常崇拜从事VR行业的人”“我觉得VR职业是一份神圣而光荣的工作”三个题目；“归属感”包括“当我看到或听到别人积极评价VR行业时，总是感到十分欣慰”“当别人对VR行业做出消极评价时，我总是感到十分难受”两个题目；“忠诚度”包括“我很庆幸当初自己选择了VR行业而非其他工作”“我愿意为了VR行业的发展做出自己的努力”两个题目。经spss分析，测得克隆巴赫系数为0.942，具有非常好的信度；KMO取样适切性量数为0.923（$P<0.05$），具有非常好的结构效度。

3. 职业行为认同

职业行为认同是指个人在新闻工作中完成基本职责和任务的意愿和实际行为。参照丁汉青等设置的题项，通过主成分分析法共提取了两个因子，分别命名为“行为意愿”（Cronbach's $\alpha=0.885$）“额外工作”（Cronbach's $\alpha=0.911$）。其中“行为意愿”包括“目前VR专业是最适合我的”“未来我愿意长期从事VR工作”两个题目，“额外工作”包括“我的公司常常会对员工进行VR相关知识和技能的培训”“我总是积极参加一些与VR相关的活动”和“我总是花大量时间学习VR领域的相关知识”三个题项。经spss分析，测得克隆巴赫系数为0.937，具有非常好的信度；KMO取样适切性量数为0.884（$P<0.05$），具有非常好的结构效度。

4. 职业获益感

职业获益感是指从业者感知所司职业带来的实际获益，认为所从事职业有价值、感到满足的积极情感状态，包括实际获益和精神获益两方面体验，是一种具有可测性的认知适应方式。[①]胡菁对于护士群体职业获益感的测量方式分为：正向职业感知维度7个条目，良好护患关系、

① 肖晓玲,胡秋秋,刘玉萍,张东华,张敏.护士职业获益感及其对职业倦怠影响的研究[J].中国护理管理,2014,14(01):56-60.

亲友认同和团队归属感维度各6个条目，自身的成长维度8个条目。[①]本文参照其测量方式，保留正向职业感知（Cronbach's α=0.850）、团队归属感（Cronbach's α=0.853）、自身成长（Cronbach's α=0.839）三个因子。正向职业感知包括："我对我的工作总体上很满意""我认为我的付出得到了相应的回报"；团队归属感包括："目前的工作环境让我非常满意""目前同事之间的人际关系让我非常满意"；自身成长包括："我认为我的工作自主性很强""我认为我拥有很大的提拔和升职空间"，使用李克特五级量表测试从业者的同意程度。经spss分析，测得克隆巴赫系数为0.936，具有非常好的信度；KMO取样适切性量数为0.898（P<0.05），具有非常好的结构效度。

5. **职业认同影响因素建构**

对于职业认同的建构因素，不同学者的研究得出了不同的结论。丁汉青等对新闻从业者进行了深度访谈，发现新闻职业认同危机的产生原因包括政府、技术、传媒组织、个体、受众（用户）和资本等层次范围不同的因素。[②]魏淑华等对中小学教师开展的研究发现，教师的性别、年龄、教龄、职称、职业动机、工资满意度等因素会影响教师的职业认同。[③]安秋玲等通过问卷和访谈发现，对于社会工作者来说，性别、学历、单位性质对职业认同的影响不显著，家人支持度、工作物理场所满意度、工资报酬、人际关系满意度、人格特质等因素与职业认同有密切关系。[④]可见目前，我国学术界对职业认同建构因素的研究，多以性别、年龄、学历等人口属性因素，以及薪酬、工作环境、同事关

---

① 胡菁,刘晓虹.护士职业获益感问卷的编制及其信效度检验[J].解放军护理杂志,2013,30(22):1-5.

② 丁汉青,苗勃.结构中的个体：新闻职业认同危机溯源[J].新闻爱好者,2020(01):22-26.

③ 宋广文,魏淑华.影响教师职业认同的相关因素分析[J].心理发展与教育,2006(01):80-86.

④ 安秋玲.社会工作者职业认同的影响因素[J].华东理工大学学报（社会科学版),2010,25(02):39-47.

系等职业因素为主，较少着眼于行业发展对从业者职业认知的影响。而一个行业是否具有发展前景，这个行业能否带给从业者发展与提升的机会，同样会对从业者的职业认同带来影响。基于对以往研究的回顾，本次调查将性别、年龄作为控制变量，将行业发展因素和职业获益感作为自变量，探究这些因素对职业认同建构的作用。其中，行业发展可通过“所在机构人员流失率”“行业人员流失率”“对VR发展现状的态度”“对VR未来发展的态度”四个问题进行测量，作为自变量。并将薪酬、工作环境、人际关系等因素合并为职业获益感，将职业获益感作为自变量。

第二章

从业者角度的中国VR行业现状分析

第一节　2020年中国VR行业从业者画像

一、中国VR行业从业者职业类型分布

职业类型分布中，包括VR内容制作者104人（占比约46%）、VR技术开发员35人（占比约15.5%）、VR设备开发者15人（占比约6.6%）与其他（占比31.9%）。本次调查中，VR内容制作者占比最大。

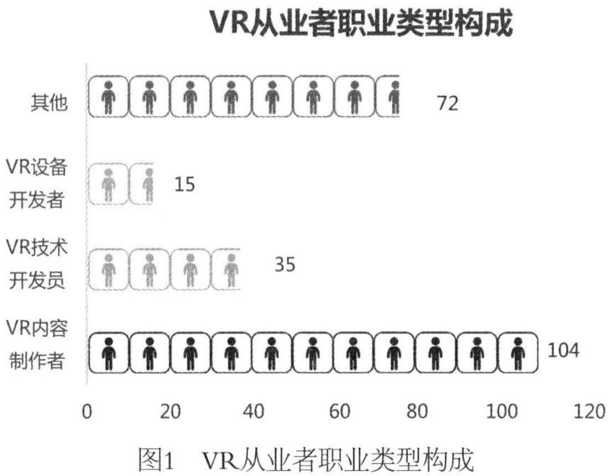

图1　VR从业者职业类型构成

二、中国VR行业从业者从业年限分布

在从业者从业年限方面，从业时间为0–2年的人数为83人，占比约36.7%；从业时间为3–5年的人数为88人，占比约38.9%；从业时间为4–6年的人数为38人，占比约16.8%，从业时间为7–9年的人数为11人，占比约4.9%；从业时间为10年以上的人数为6人，占比约2.7%。总体来看，大多数VR从业者的从业年限在5年以下，时间相对较短。这一结果也符合VR是新兴产业、发展时间较短的特点。

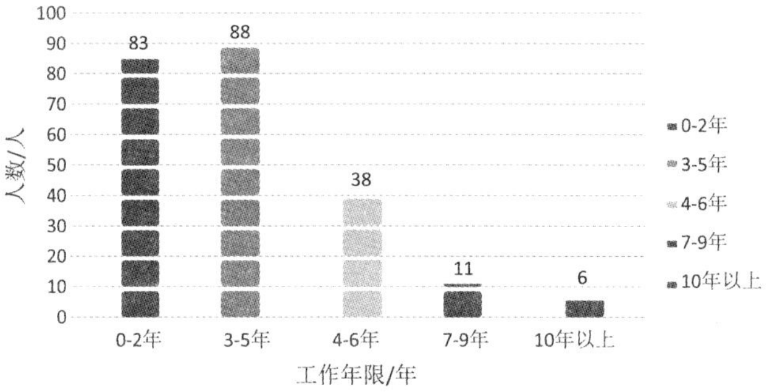

图2　VR从业者工作年限构成

三、中国VR行业从业者年龄分布

此次调查样本年龄涵盖范围完整，其中，21–35岁占比最多，约22.5%；其次为31–35岁，占比约22.1%；再者为26–30岁，占比约21.7%。此外，36–40岁占比约17.7%，41–45岁占比约8%，46–50岁占比约4%，51–55岁占比1.7%，56–60岁占比0.8%。本次调查样本的婚姻状况包括已婚人数113人，占比约50%；未婚人数为104人，占比约46%；离异人数为7人，占比约3.1%；丧偶人数为1人，占比约0.4%；分居人数为1人，占比约0.4%。

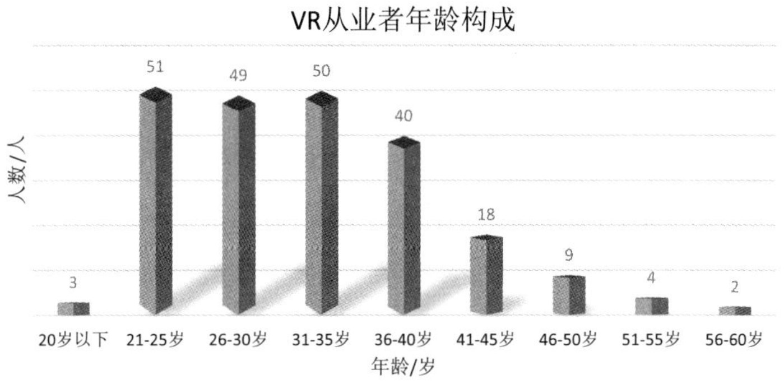

图3　VR从业者年龄构成

四、中国VR行业从业者教育背景调查

本次调查的人口学历涵盖高中及高中以下、大专、本科、研究生、博士五个层次。学历在高中及高中以下的人数为8人，占比约3.5%，学历为大专的人数为16人，占比约7.1%；学历为本科的为130人，占比约57.5%；学历为研究生的人数为60人，占比约26.5%；学历为博士的人数为12人，占比约5.3%。有海外学习背景的从业者人数为38人，占比约16.8%；无海外学习背景的从业者人数为188人，占比约61.6%。在所学专业方面，约36.3%的从业者来自计算机、电子信息类专业；约15.9%的从业者来自经济、工商管理类专业；约12.8%的从业者来自理工科类专业；约11.5%的从业者来自新闻传播类专业；约9.7%的从业者来自艺术学类专业；约3.5%的从业者来自语言文学类专业；约2.7%的从业者来自社会学专业；约0.8%的从业者来自哲学专业；约0.4%的从业者来自法学专业；还有约6.2%的从业者来自其他专业。

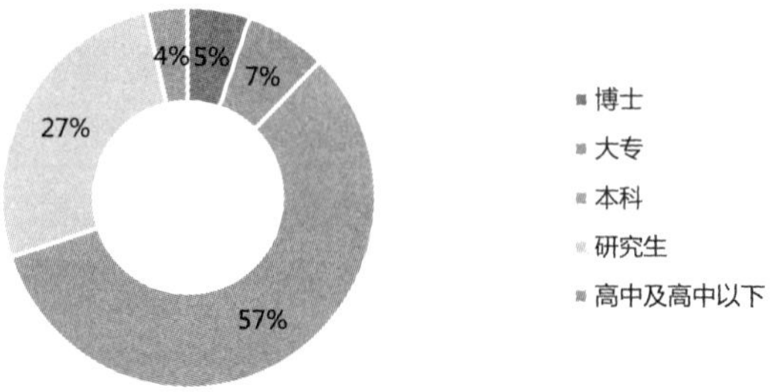

图4　VR从业者学历构成

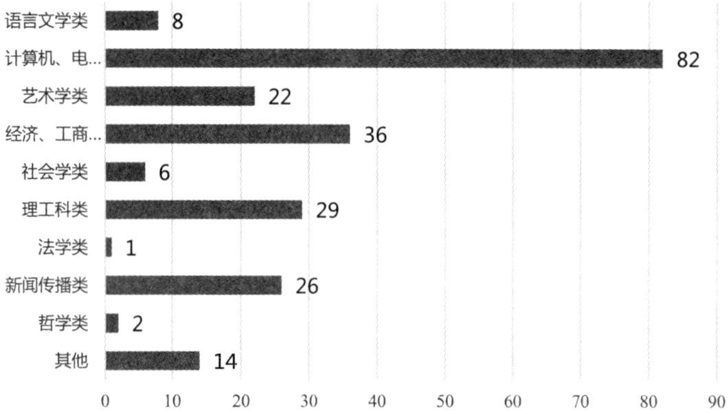

图5　VR从业者专业分布

五、中国VR行业从业者收入情况

调查样本中，月收入在10000元以上的群体占比最多，为51.3%，人数为116人；其次为月收入在5000–10000元的群体，占比26.5%，人数为60人；再者为月收入在3000–5000元的群体，占比8.8%，人数为20人；此外，1000–3000元的群体占比4%，人数为9人；1000元以下的群体占比3.1%，人数为7人，以及6.2%的无收入群体，人数为14人。总体来看，VR从业者的月收入多集中在5000–1000元以上的区间。

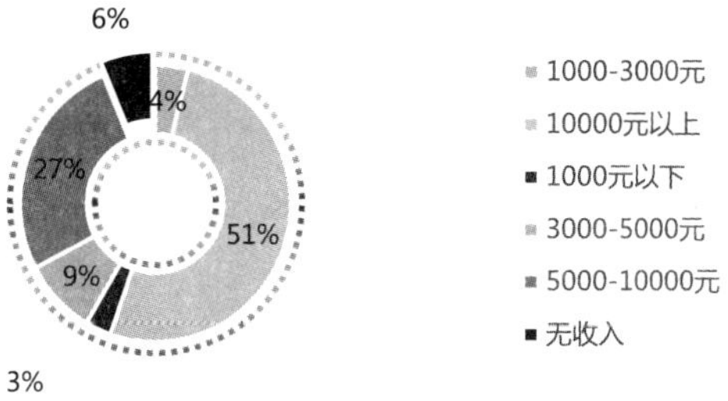

图6　VR从业者月收入构成

六、中国VR行业从业者地域分布

本次调查的范围涵盖全国20个省份、直辖市，其中北京市占比最多，约为42%；其次为广东省，约占比12%。目前VR产业还是分布在经济比较发达的北京市、广东省等地区，地域分布呈现出不均衡的特点。

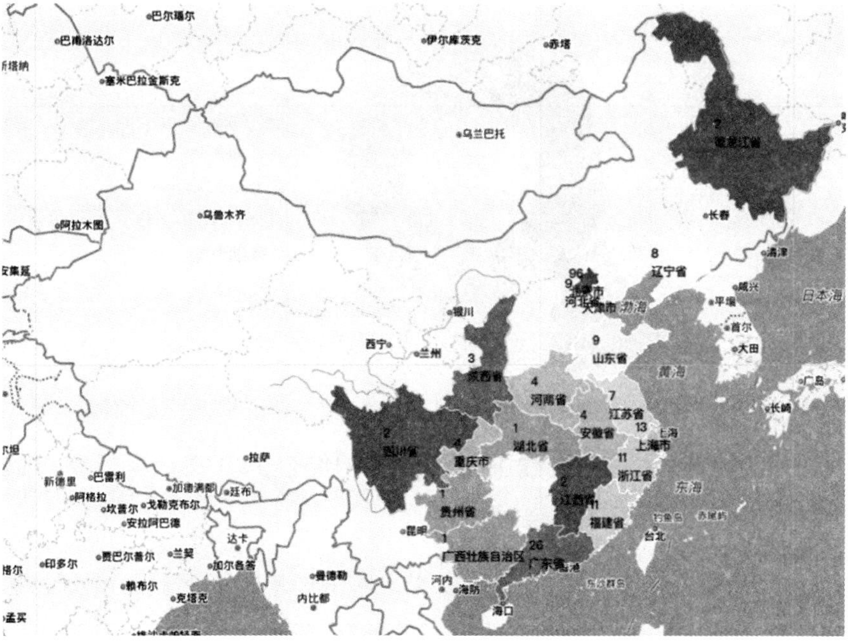

图7　VR从业者地域分布

第二节　中国VR行业从业者所在机构的基本情况

一、学校、公司成为VR产品主要买家

在问卷中，我们以多选题的形式询问从业者其公司产品的主要销售渠道，包括：学校、公司、个人、线下VR场所、品牌门店/电器市场、其他六个选项。其中："公司"占比最多，约29%；"学校"则占比24%；"线下VR场所"占比18%；"个人购买"占比12%；"品牌门店"的选项被选择了39次，占比11%。此外，"其他"选项占比9.7%。包括行业定制、运营商、政府、博物馆等渠道。可见，目前公司仍然是VR产品的主要销售市场。而学校较多购买VR产品，则显现出VR与教育融合发展的可能性。

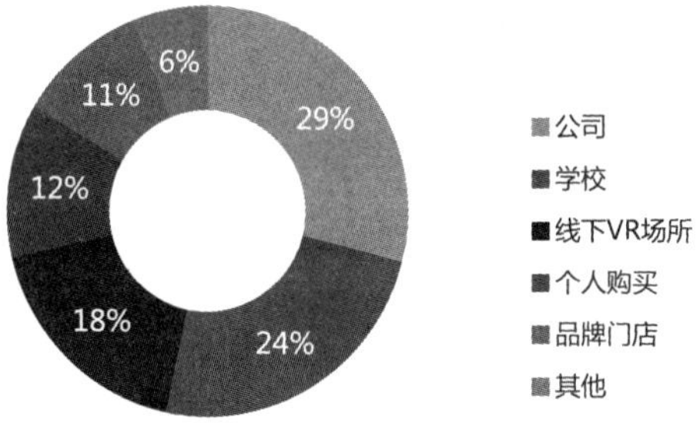

图8　VR从业者所在机构产品的主要购买者

二、信息传播采取线上线下两种渠道相结合的方式，且社交媒体为信息传播的主要渠道

有关VR产品的信息，多通过线上线下两个渠道相结合的方式进行传播。由于新媒体时代到来，社交媒体成为VR产品信息传播的主要渠道，占比18%。在线下传播渠道中，占比最多的为线下VR场所，

比例为14%；其次为学校课程，比例为8%；再者为朋友介绍，比例为7%。在线上传播渠道中，占比最多的为社交媒体渠道，比例为18%；其次为手机VR APP和品牌官网，占比均为10%；再者为视频网站，占比9%。

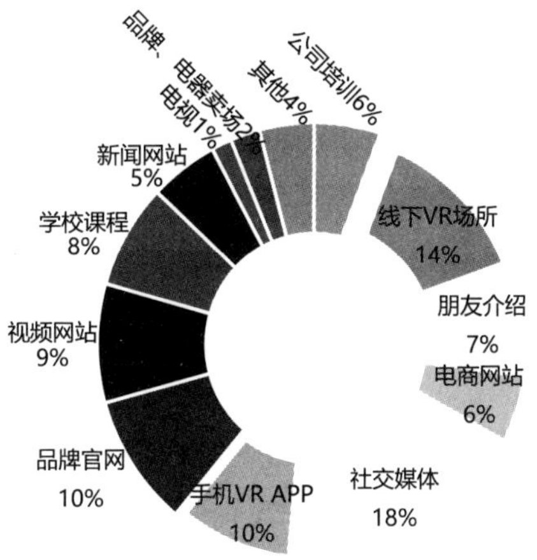

图9　VR从业者所在机构产品信息的主要传播渠道

三、VR教育、VR影视、VR旅行和探险为VR技术热门应用领域

在产品应用领域方面，VR教育是最热门的应用领域，占比约20.6%；其次为VR电影和视频、VR旅行和探险，占比分别为14.2%和13.8%。而VR游戏则紧随其后，占比约12.8%。可见VR教育、VR影视、VR旅行和探险仍是VR技术的热门应用领域。此外，VR直播占比约7%；VR汽车、VR室内装修均占比6.4%；VR医疗保健约占比5.2%；VR会议约占比4.9%；VR金融约占比3.5%。此外，其他应用领域占比5.2%，包括VR政务、党建、矿业安全教育等用途。

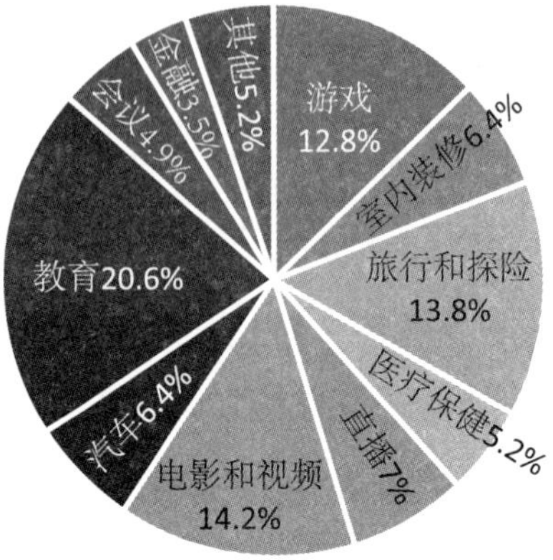

图10　VR从业者所在机构产品的主要应用领域

第三节　中国VR行业从业者眼中的VR市场现状

一、VR行业的发展前景是从业者职业选择的首要因素

在问卷中，我们以多选题的形式询问从业者进入VR行业的原因，包括：热爱VR行业、行业前景较好、实现创意和梦想、行业薪资高、专业对口、其他原因六个选项。其中："行业前景较好"占比约33.3%；"热爱VR行业"的选项被选择了100次，占比约26.2%；"实现创意与梦想"的选项被选择了78次，占比约20.5%；"专业对口"的选项被选择了28次，占比约7.3%；"行业薪资高"的选项被选择了21次，占比约5.5%。此外，"其他"原因占比约7.1%。可见，VR行业的发展前景是从业者进行职业选择时的首要因素，对VR行业的热爱、梦想与创意也是促成从业者职业选择的重要因素，而薪资、专业等因素所起的作用相对较小。

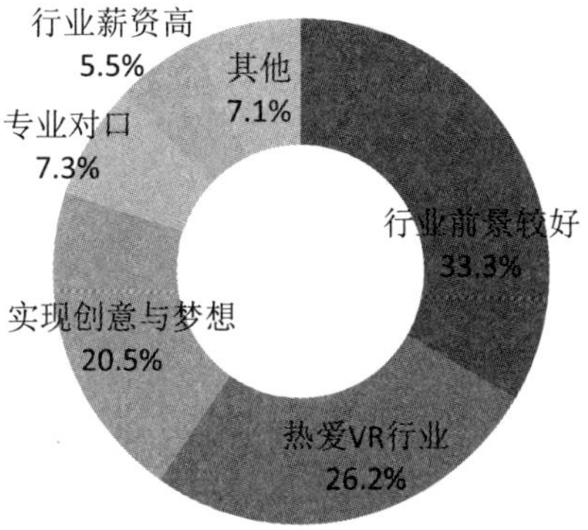

图11 VR从业者的入行原因构成

二、VR从业者的职业认同程度普遍较高，对VR的现状和未来发展持积极态度，但对VR目前的普及度并不看好

在职业认同的三个构成因素中，职业认知认同一项的均值为3.82，职业情感认同的均值为3.85，职业行为认同的均值为3.86。总体来说，VR从业者的职业行为认同程度大于职业情感认同程度，职业情感认同程度大于职业认知认同程度。但三项变量间数值差异不大。

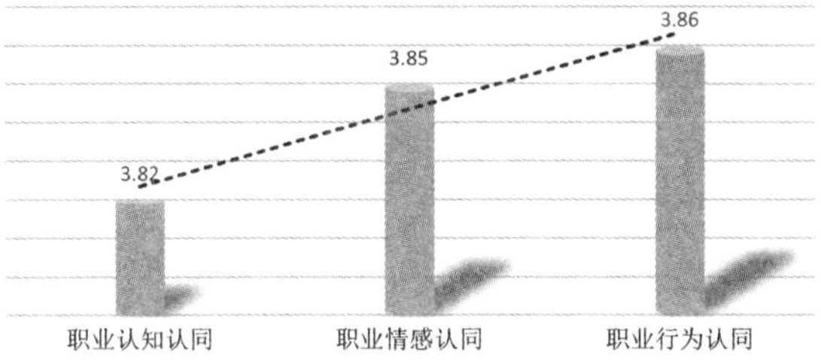

图12 VR从业者职业认同状况

我们还使用了打分（分值为-10至10）的形式，令从业者评估目前VR的普及度，平均得分为0.94，可见从业者对目前VR的普及度并不看好。我们还使用同样的形式，令从业者评估目前VR行业发展的现状及未来发展状况。从业者对目前VR行业发展现状态度的平均分为4.78，对未来VR行业发展状况的平均分为5.72，得分在中等水平，总体上看

从业者对VR现状和未来发展持积极态度。

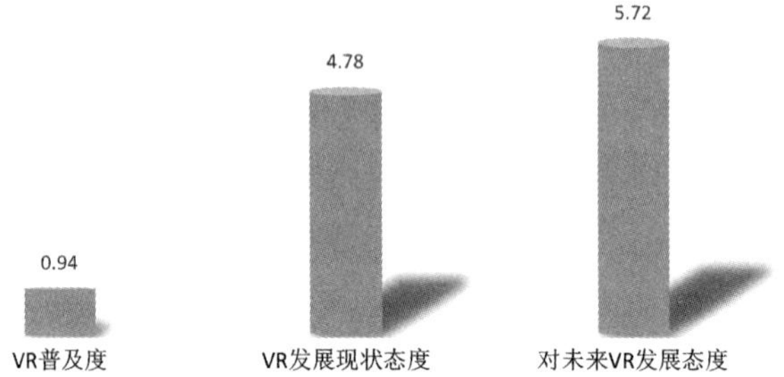

图13　VR从业者对VR现状及未来发展的感知

此外，“目前大众对VR行业了解程度”一题中，我们使用李克特五级量表（1为非常低，5为非常高），求得平均值约为2.6，可见VR从业者认为目前大众对VR行业的了解程度中等偏低。

三、工作压力大、薪资不高是造成VR人员流失的主要原因

在问卷中，我们以多选题的形式，询问从业者造成VR行业人员流失的因素。其中，“工作压力大”占比最多，为30.5%；其次为“薪资不高”，占比25.9%；可见“工作压力大”和“薪资不高”是VR从业者眼中造成VR人员流失的主要原因。此外，“VR市场前景差”占比21.2%，“个人对VR不感兴趣”占比9.4%；家人朋友不支持占比6.7%；其他原因占比6%。从业者认为“VR行业前景好，进展慢”“靠谱公司太少”“市场规模小，了解人群少”等因素同样会造成人员流失。

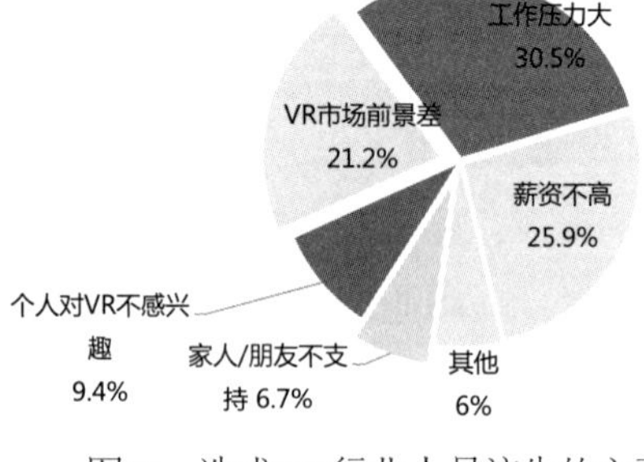

图14　造成VR行业人员流失的主要原因

四、VR从业者认为技术落后和内容不够优质是限制VR产业进一步发展的主要原因

在问卷中，我们以多选题的形式，询问从业者眼中限制VR行业进一步发展的因素。其中，认为“VR技术不够成熟”限制了VR产业进一步发展的占比最多，为20.5%；认为“VR内容不够优质”限制了VR产业进一步发展的占比为19.8%；认为“VR技术成本高”限制了VR产业进一步发展的占比约为14.1%；认为“市场需求小”限制了VR产业进一步发展的占比约为13.4%；认为“政策扶持不足”限制了VR产业进一步发展的占比约为13.1%；认为“资金不足”限制了VR产业进一步发展的占比约为10.7%；认为“法律保护不完善”限制了VR产业进一步发展的占比约为7.8%。此外，还有约1%的人认为是其他原因限制了VR产业的进一步发展，如“网络条件跟不上”“市场还未到时间”“资源不足”等因素。

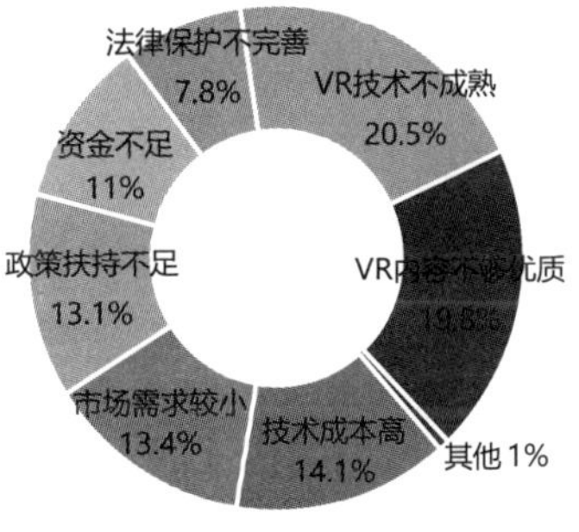

图15　VR从业者眼中限制VR产业发展的主要因素

第三章

中国VR行业从业者职业认同影响因素分析

第一节　中国VR行业从业者的职业认同建构

为了考察VR从业者职业认同的建构因素，本研究以职业认同的三个维度：职业认知认同、职业情感认同、职业行为认同为因变量，以所在机构的人员流失率、对VR行业人员流失率的判断、对VR发展现状的态度、对未来VR行业的发展态度、职业获益感五个为自变量，以性别、年龄、受教育程度为控制变量，运用spss探究究竟是何种因素影响了VR从业者的职业认同。据前文提出的假设，我们初步探讨出如下的模型图：

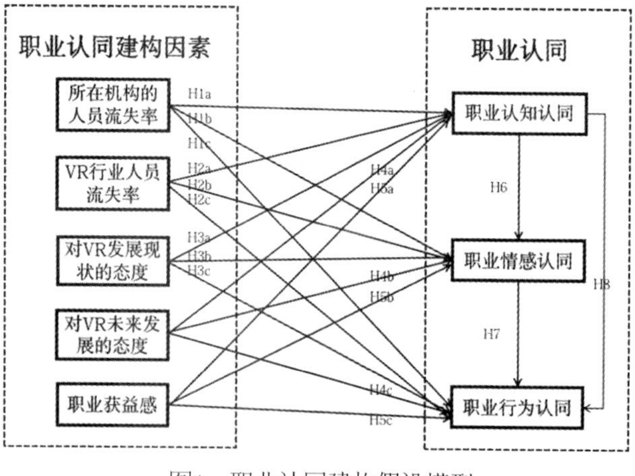

图1　职业认同建构假设模型

一、职业认知认同影响因素调查

模型1中的自变量为性别、年龄、学历、所在地区，模型2在模型1的基础上加入机构人员流失率，模型3在模型2的基础上加入VR行业人员流失率，模型4在模型3的基础上加入对VR产业发展现状态度，模型5在模型4的基础上加入未来VR产业发展态度，模型6在模型5的基础上加入职业获益感，模型的因变量为：职业认知认同程度

从上表可知，将性别、年龄、学历、所在地区作为自变量，而将职业认知认同程度作为因变量进行线性回归分析，从上表可以看出，模型R方值为0.019，意味着性别、年龄、学历、所在地区可以解释职业认知认同程度的1.9%变化原因。对模型进行F检验时发现模型并没有通过F检验（F=1.077，p>0.05），也即说明性别、年龄、学历、所在地区并不会对职业认知认同程度产生影响关系，因而不能具体分析自变量对于因变量的影响关系，分析结束。

针对模型2：其在模型1的基础上加入机构人员流失率后，F值变化呈现出显著性（p<0.05），意味着机构人员流失率加入后对模型具有解释意义。另外，R方值由0.019上升到0.067，意味着机构人员流失率可对职业认知认同程度产生4.8%的解释力度。具体来看，机构人员流失率的回归系数值为-0.191，并且呈现出显著性（t=-3.358，p=0.001<0.01），意味着机构人员流失率会对职业认知认同程度产生显著的负向影响关系。支持假设H1a成立。

针对模型3：其在模型2的基础上加入VR行业人员流失率后，F值变化并没有呈现出显著性（detF=0.231，detP=0.631>0.05），意味着VR行业人员流失率加入后对模型并没有解释意义。另外，R方值变化仅为0.001，接近于0。否定假设H2a。

针对模型4：其在模型3的基础上加入对VR产业发展现状态度后，F值变化呈现出显著性（p<0.05），意味着对VR产业发展现状态度加入后对模型具有解释意义。另外，R方值由0.068上升到0.131，意味着对

VR产业发展现状态度可对职业认知认同程度产生6.3%的解释力度。具体来看，对VR产业发展现状态度的回归系数值为0.057，并且呈现出显著性（$t=3.969$，$p=0.000<0.01$），意味着对VR产业发展现状态度会对职业认知认同程度产生显著的正向影响关系。支持H3a成立。

针对模型5：其在模型4的基础上加入未来VR产业发展态度后，F值变化呈现出显著性（$p<0.05$），意味着未来VR产业发展态度加入后对模型具有解释意义。另外，R方值由0.131上升到0.164，意味着未来VR产业发展态度可对职业认知认同程度产生3.3%的解释力度。具体来看，未来VR产业发展态度的回归系数值为0.041，并且呈现出显著性（$t=2.921$，$p=0.004<0.01$），意味着未来VR产业发展态度会对职业认知认同程度产生显著的正向影响关系。支持H4a成立。

针对模型6：其在模型5的基础上加入职业获益感后，F值变化呈现出显著性（$p<0.05$），意味着职业获益感加入后对模型具有解释意义。另外，R方值由0.164上升到0.680，意味着职业获益感可对职业认知认同程度产生51.7%的解释力度。具体来看，职业获益感的回归系数值为0.742，并且呈现出显著性（$t=18.681$，$p=0.000<0.01$），意味着职业获益感会对职业认知认同程度产生显著的正向影响关系。支持H5a成立。

表1　职业认知认同分层回归模型（N=226）

分层回归分析结果-职业认知认同						
	分层1	分层2	分层3	分层4	分层5	分层6
常数	3.854	4.427	4.371	3.831	3.704	0.464
	(12.844***)	(13.046***)	(12.173***)	(10.261***)	(10.022***)	−1.616
性别	−0.006	−0.039	−0.049	−0.063	−0.054	0.015
	(−0.045)	(−0.324)	(−0.402)	(−0.532)	(−0.462)	−0.213
年龄	0.004	0	−0.001	0	0.001	0.014
	−0.118	(−0.007)	(−0.032)	(−0.008)	−0.041	−0.652
学历	−0.052	−0.039	−0.04	−0.03	−0.039	0.017
	(−0.752)	(−0.579)	(−0.580)	(−0.447)	(−0.600)	−0.42
所在地区	0.019	0.018	0.018	0.014	0.013	0.011
	−1.91	−1.823	−1.796	−1.472	−1.334	−1.829
机构人员流失率		−0.191	−0.205	−0.166	−0.155	−0.085
		(−3.358***)	(−3.203**)	(−2.653**)	(−2.515*)	(−2.214*)
VR行业人员流失率			0.034	0.084	0.077	0.107
			−0.481	−1.196	−1.12	(2.504*)
对VR产业发展现状态度				0.057	0.036	−0.003
				(3.969***)	(2.297*)	(−0.265)

续表

分层回归分析结果-职业认知认同						
未来VR产业发展态度					0.041 (2.921**)	0.028 (3.178**)
职业获益感						0.742 (18.681***)
样本量	226	226	226	226	226	226
R^2	0.019	0.067	0.068	0.131	0.164	0.68
调整R^2	0.001	0.046	0.042	0.103	0.133	0.667
F 值	F=1.077 p=0.369	F=3.156 p=0.009	F=2.660 p=0.016	F=4.683 p=0.000	F=5.306 p=0.000	F=51.056, =0.000
$\triangle R^2$	0.019	0.048	0.001	0.063	0.033	0.517
$\triangle F$ 值	F=1.077 p=0.369	F=11.274 p=0.001	F=0.231 p=0.631	F=15.750 p=0.000	F=8.534 p=0.004	F=348.984 p=0.000
因变量：职业认知认同程度						
* p<0.05 ** p<0.01 *** p<0.001 括号里面为t 值						

二、职业情感认同影响因素调查

模型1中的自变量为性别、年龄、学历、所在地区，模型2在模型1的基础上加入机构人员流失率，模型3在模型2的基础上加入VR行业人员流失率，模型4在模型3的基础上加入对VR产业发展现状态度，模型5在模型4的基础上加入未来VR产业发展态度，模型6在模型5的基础上加入职业获益感，模型7在模型6的基础上加入职业认知认同程度，模型的因变量为：职业情感认同度，从上表可知，将性别、年龄、学历、所在地区作为自变量，而将职业情感认同度作为因变量进行线性回归分析，从上表可以看出，模型R方值为0.019，意味着性别、年龄、学历、所在地区可以解释职业情感认同度的1.9%变化原因。对模型进行F检验时发现模型并没有通过F检验(F=1.065，p>0.05），也即说明性别、年龄、学历、所在地区并不会对职业情感认同度产生影响关系，因而不能具体分析自变量对于因变量的影响关系，分析结束。

针对模型2：其在模型1的基础上加入机构人员流失率后，F值变化呈现出显著性（p<0.05），意味着机构人员流失率加入后对模型具有解释意义。另外，R方值由0.019上升到0.057，意味着机构人员流失率可对职业情感认同度产生3.9%的解释力度。具体来看，机构人员流失率的回归系数值为-0.182，并且呈现出显著性（t=-2.999，p=0.003<0.01），意味着机构人员流失率会对职业情感认同度产生显著的负向影响关系。支持H1b成立。

针对模型3：其在模型2的基础上加入VR行业人员流失率后，F值变化并没有呈现出显著性（detF=0.429，detP=0.513>0.05），意味着VR行业人员流失率加入后对模型并没有解释意义。另外，R方值变化仅为0.002，接近于0。否定了假设H2b。

针对模型4：其在模型3的基础上加入对VR产业发展现状态度后，F值变化呈现出显著性（p<0.05），意味着对VR产业发展现状态度加入后对模型具有解释意义。另外，R方值由0.059上升到0.116，意味着对

VR产业发展现状态度可对职业情感认同度产生5.7%的解释力度。具体来看，对VR产业发展现状态度的回归系数值为0.058，并且呈现出显著性（t=3.753，p=0.000<0.01），意味着对VR产业发展现状态度会对职业情感认同度产生显著的正向影响关系。支持了假设H3b成立。

针对模型5：其在模型4的基础上加入未来VR产业发展态度后，F值变化并没有呈现出显著性（detF=2.049，detP=0.154>0.05），意味着未来VR产业发展态度加入后对模型并没有解释意义。另外，R方值变化仅为0.008，接近于0。否定了假设H4b。

针对模型6：其在模型5的基础上加入职业获益感后，F值变化呈现出显著性（p<0.05），意味着职业获益感加入后对模型具有解释意义。另外，R方值由0.125上升到0.692，意味着职业获益感可对职业情感认同度产生56.7%的解释力度。具体来看，职业获益感的回归系数值为0.826，并且呈现出显著性（t=19.937，p=0.000<0.01），意味着职业获益感会对职业情感认同度产生显著的正向影响关系。支持了假设H5b。

针对模型7：其在模型6的基础上加入职业认知认同程度后，F值变化呈现出显著性（p<0.05），意味着职业认知认同程度加入后对模型具有解释意义。另外，R方值由0.692上升到0.707，意味着职业认知认同程度可对职业情感认同度产生1.5%的解释力度。具体来看，职业认知认同程度的回归系数值为0.228，并且呈现出显著性（t=3.283，p=0.001<0.01），意味着职业认知认同程度会对职业情感认同度产生显著的正向影响关系。支持假设H5成立。

表2　职业情感认同分层回归模型（N=226）

分层回归分析结果-职业情感认同							
	分层 1	分层 2	分层 3	分层 4	分层 5	分层 6	分层 7
常数	4.336	4.883	4.964	4.416	4.348	0.74	0.634
	(13.592***)	(13.468***)	(12.943***)	(11.036***)	(10.818***)	(2.467*)	(2.148*)
性别	−0.172	−0.204	−0.189	−0.203	−0.198	−0.121	−0.125
	(−1.325)	(−1.592)	(−1.451)	(−1.603)	(−1.568)	(−1.610)	(−1.693)
年龄	0.005	0.001	0.002	0.003	0.004	0.018	0.015
	−0.138	−0.026	−0.06	−0.086	−0.11	−0.81	−0.682
学历	−0.092	−0.08	−0.08	−0.07	−0.075	−0.012	−0.016
	(−1.248)	(−1.099)	(−1.094)	(−0.981)	(−1.054)	(−0.288)	(−0.388)
所在地区	0.01	0.009	0.009	0.006	0.005	0.003	0
	−0.961	−0.862	−0.89	−0.558	−0.48	−0.463	−0.064
机构人员流失率		−0.182	−0.162	−0.123	−0.117	−0.039	−0.019
		(−2.999**)	(−2.369*)	(−1.826)	(−1.740)	(−0.964)	(−0.485)
VR 行业人员流失率			−0.05	0	−0.003	0.03	0.006
			(−0.655)	−0.006	(−0.041)	−0.676	−0.129
对VR 产业发展现状态度				0.058	0.047	0.003	0.004
				(3.753***)	(2.719**)		
						−0.321	−0.387

续表

分层回归分析结果-职业情感认同							
未来VR产业发展态度					0.022 −1.432	0.007 −0.776	0.001 −0.082
职业获益感						0.826 (19.937***)	0.657 (10.023***)
职业认知认同程度							0.228 (3.283**)
样本量	226	226	226	226	226	226	226
R^2	0.019	0.057	0.059	0.116	0.125	0.692	0.707
调整 R^2	0.001	0.036	0.034	0.088	0.092	0.679	0.693
F 值	F=1.065 P=0.375	F=2.682 p=0.022	F=2.301 p=0.036	F=4.102 p=0.000	F=3.862 p=0.000	F=53.868 p=0.000	F =51.754 p=0.000
$\triangle R^2$	0.019	0.039	0.002	0.057	0.008	0.567	0.015
$\triangle F$ 值	F=1.065 p=0.375	F=8.996 p=0.003	F=0.429 p=0.513	F=14.083 p=0.000	F=2.049 p=0.154	F=397.465 p=0.00	F=10.779 p=0.001

因变量：职业情感认同度

三、职业行为认同影响因素调查

模型1中的自变量为性别、年龄、学历、所在地区，模型2在模型1的基础上加入机构人员流失率，模型3在模型2的基础上加入VR行业人员流失率，模型4在模型3的基础上加入对VR产业发展现状态度，模型5在模型4的基础上加入未来VR产业发展态度，模型6在模型5的基础上加入职业认知认同程度，模型7在模型6的基础上加入职业情感认同度，模型的因变量为：职业行为认同度。从上表可知，将性别、年龄、学历、所在地区作为自变量，而将职业行为认同度作为因变量进行线性回归分析，从上表可以看出，模型R方值为0.009，意味着性别、年龄、学历、所在地区可以解释职业行为认同度的0.9%变化原因。对模型进行F检验时发现模型并没有通过F检验（$F=0.518$，$p>0.05$），也即说明性别、年龄、学历、所在地区并不会对职业行为认同度产生影响关系，因而不能具体分析自变量对于因变量的影响关系，分析结束。

针对模型2：其在模型1的基础上加入机构人员流失率后，F值变化呈现出显著性（$p<0.05$），意味着机构人员流失率加入后对模型具有解释意义。另外，R方值由0.009上升到0.035，意味着机构人员流失率可对职业行为认同度产生2.6%的解释力度。具体来看，机构人员流失率的回归系数值为-0.162，并且呈现出显著性（$t=-2.431$，$p=0.016<0.05$），意味着机构人员流失率会对职业行为认同度产生显著的负向影响关系。支持H1c成立。

针对模型3：其在模型2的基础上加入VR行业人员流失率后，F值变化并没有呈现出显著性（detF=0.278，detP=0.599>0.05），意味着VR行业人员流失率加入后对模型并没有解释意义。另外，R方值变化仅为0.001，接近于0。否定了假设H2c。

针对模型4：其在模型3的基础上加入对VR产业发展现状态度后，F值变化呈现出显著性（$p<0.05$），意味着对VR产业发展现状态度加入后对模型具有解释意义。另外，R方值由0.036上升到0.113，意味着对

VR产业发展现状态度可对职业行为认同度产生7.6%的解释力度。具体来看，对VR产业发展现状态度的回归系数值为0.073，并且呈现出显著性（$t=4.326$，$p=0.000<0.01$），意味着对VR产业发展现状态度会对职业行为认同度产生显著的正向影响关系。支持假设H3c成立。

针对模型5：其在模型4的基础上加入未来VR产业发展态度后，F值变化并没有呈现出显著性（$detF=3.778$，$detP=0.053>0.05$），意味着未来VR产业发展态度加入后对模型并没有解释意义。另外，R方值变化仅为0.015，接近于0。否定了假设H4c。

针对模型6：其在模型5的基础上加入职业获益感后，F值变化呈现出显著性（$p<0.05$），意味着职业获益感加入后对模型具有解释意义。另外，R方值由0.128上升到0.711，意味着职业获益感可对职业行为认同度产生58.3%的解释力度。具体来看，职业获益感的回归系数值为0.909，并且呈现出显著性（$t=20.862$，$p=0.000<0.01$），意味着职业获益感会对职业行为认同度产生显著的正向影响关系。支持假设H5c。

针对模型7：其在模型6的基础上加入职业认知认同程度后，F值变化呈现出显著性（$p<0.05$），意味着职业认知认同程度加入后对模型具有解释意义。另外，R方值由0.711上升到0.732，意味着职业认知认同程度可对职业行为认同度产生2.1%的解释力度。具体来看，职业认知认同程度的回归系数值为0.296，并且呈现出显著性（$t=4.100$，$p=0.000<0.01$），意味着职业认知认同程度会对职业行为认同度产生显著的正向影响关系。支持假设H7成立。

针对模型8：其在模型7的基础上加入职业情感认同度后，F值变化呈现出显著性（$p<0.05$），意味着职业情感认同度加入后对模型具有解释意义。另外，R方值由0.732上升到0.794，意味着职业情感认同度可对职业行为认同度产生6.2%的解释力度。具体来看，职业情感认同度的回归系数值为0.500，并且呈现出显著性（$t=8.036$，$p=0.000<0.01$），意味着职业情感认同度会对职业行为认同度产生显著的正向影响关系。支持假设H8成立。

表3 职业行为认同分层回归模型（N=226）

分层回归分析结果——职业行为认同								
	分层1	分层2	分层3	分层4	分层5	分层6	分层7	分层8
常数	4.098 (11.778***)	4.585 (11.516***)	4.656 (11.053***)	3.969 (9.120***)	3.870 (8.887***)	−0.101 (−0.320)	−0.238 (−0.777)	−0.555 (−2.041*)
性别	−0.124 (−0.875)	−0.152 (−1.083)	−0.139 (−0.972)	−0.157 (−1.137)	−0.149 (−1.092)	−0.065 (−0.818)	−0.069 (−0.907)	−0.007 (−0.104)
年龄	0.018 (0.427)	0.014 (0.340)	0.016 (0.366)	0.017 (0.408)	0.018 (0.443)	0.033 (1.421)	0.029 (1.289)	0.022 (1.092)
学历	−0.053 (−0.653)	−0.042 (−0.522)	−0.042 (−0.519)	−0.029 (−0.373)	−0.036 (−0.472)	0.033 (0.733)	0.028 (0.642)	0.036 (0.943)
所在地区	0.011 (0.905)	0.010 (0.821)	0.010 (0.844)	0.005 (0.465)	0.004 (0.360)	0.002 (0.263)	−0.001 (−0.236)	−0.002 (−0.303)
机构人员流失率		−0.162 (−2.431*)	−0.144 (−1.921)	−0.095 (−1.301)	−0.086 (−1.188)	−0.000 (−0.011)	0.025 (0.599)	0.034 (0.948)
VR行业人员流失率			−0.044 (−0.527)	0.019 (0.232)	0.014 (0.170)	0.050 (1.073)	0.019 (0.407)	0.016 (0.393)
对VR产业发展现状态度				0.073 (4.326***)	0.056 (3.018**)	0.008 (0.770)	0.009 (0.872)	0.007 (0.780)
未来VR产业发展态度					0.032 (1.944)	0.016 (1.658)	0.008 (0.812)	0.007 (0.880)
职业获益感						0.909 (20.862***)	0.690 (10.140***)	0.362 (4.994***)

续表

分层回归分析结果——职业行为认同								
职业认知认同程度							0.296 (4.100***)	0.182 (2.798**)
职业情感认同度								0.500 (8.036***)
样本量	226	226	226	226	226	226	226	226
R^2	0.009	0.035	0.036	0.113	0.128	0.711	0.732	0.794
调整R^2	–0.009	0.013	0.010	0.084	0.096	0.699	0.719	0.783
F 值	F=0.518 p=0.722	F=1.606, p=0.160	F=1.380 p=0.224	F=3.952, p=0.000	F=3.974 p=0.000	F=58.95 p=0.000	F=58.627 p=0.000	F=74.930 p=0.000
$\triangle R^2$	0.009	0.026	0.001	0.076	0.015	0.583	0.021	0.062
$\triangle F$值	F=0.518 p=0.722	F=5.910, p=0.016	F=0.278 p=0.599	F=18.713 p=0.000	F=3.778 p=0.053	F=435.2, p=0.000	F=16.810, p=0.000	F=64.581 p=0.000

因变量：职业行为认同度

* p<0.05 ** p<0.01 *** p<0.001 括号里面为t 值

综上，职业认知认同会受到机构人员流失率、从业者对VR发展现状的判断、对VR未来发展的判断和职业获益感的影响；机构人员流失率负向影响职业认知认同，即机构人员流失率越高，则VR从业者的职业认知认同越低；从业者对VR发展现状的判断正向影响职业认知认同，即对现状判断越乐观，其职业认知认同程度越高；从业者对VR未来发展的判断正向影响职业认知认同，即对未来发展判断越乐观，其职业认知认同程度越高；职业获益感正向影响职业认知认同，即职业获益感越高，则VR从业者的职业认知认同程度越高。

职业情感认同会受到机构人员流失率、从业者对VR发展现状的判断、职业获益感和职业认知认同的影响；机构人员流失率负向影响职业情感认同，即机构人员流失率越高，则VR从业者的职业情感认同越低；从业者对VR发展现状的判断正向影响职业情感认同，即对现状判断越乐观，其职业情感认同程度越高；职业获益感正向影响职业情感认同，即职业获益感越高，则VR从业者的职业情感认同程度越高；职业认知认同正向影响职业情感认同，即职业认知认同程度越高，则职业情感认同程度越高。

职业行为认同会受到机构人员流失率、从业者对VR发展现状的判断、职业获益感、职业认知认同和职业情感认同的影响；机构人员流失率负向影响职业行为认同，即机构人员流失率越高，则VR从业者的职业行为认同越低；从业者对VR发展现状的判断正向影响职业行为认同，即对现状判断越乐观，其职业行为认同程度越高；职业获益感正向影响职业行为认同，即职业获益感越高，则VR从业者的职业行为认同程度越高；职业认知认同正向影响职业行为认同，即职业认知认同程度越高，则职业行为认同程度越高。职业情感认同正向影响职业行为认同，即职业情感认同程度越高，则职业行为认同程度越高。

而VR行业人员流失率对职业认同的三个维度均不具有影响。

因此，经过验证后，最终的模型图为：

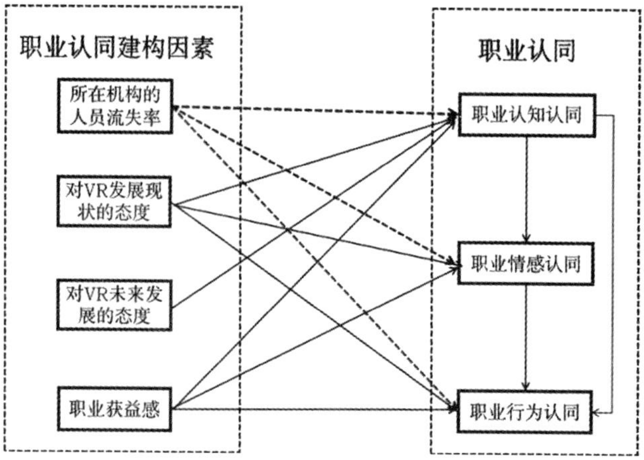

图2　经spss验证后的最终模型（虚线代表负相关，实线代表正相关）

第二节　对策和建议：中国VR行业的未来发展

本研究通过对226名VR从业者的调研，探究了目前该群体的基本情况、职业认同状况及影响因素。在入行原因方面，多数VR从业者是因为VR行业的发展前景和自己的创意与梦想而加入VR行业，这也体现出VR行业作为新兴产业的发展活力；在购买人群方面，目前公司和学校仍然是VR产品的主要购买者；在应用领域方面，VR教育是最主要的应用领域。在宣传渠道方面，社交媒体是VR信息传播的主要渠道。工作压力大是造成VR行业人员流失的主要因素，而技术落后和内容不够优质是阻碍VR行业进一步发展的两大绊脚石。

而在职业认同方面，研究发现VR从业者职业认同度普遍较高，且所在机构的人员流失率、VR行业的人员流失率、对VR行业发展的现状、职业获益感会显著影响其职业认同度，且职业认知认同会正向影响职业情感认同，职业情感认同会正向影响职业行为认同，职业认知认同也会正向影响职业行为认同，三者相辅相成。而人口属性等因素所起的作用较小。

基于对VR从业者职业的基本状况的调查发现：VR行业中，VR教育成为新的风口，也是VR技术应用的热点；公司和学校是VR产品的主要购买者；社交媒体则成为VR信息的主要传播渠道。

结合调研结果，作者认为，要实现VR行业的持续发展，需采取以下七个方面的措施：

一、VR行业继续开展技术攻关和内容优化。目前国内VR行业技术积累较为薄弱，与国外企业差距明显，大部分VR行业不得不面对VR核心技术研发与VR研发人才短缺的现状。如阿里巴巴、盛大等行业巨头不得不将研发中心由国内转向国外。[①]本次调研也表明技术因素阻碍了VR行业的进一步发展。因此，VR行业需要继续加大对技术要素的投入，并且融入时下大热的5G技术，解决目前VR视频清晰度不高、制作技术水平较低、带给用户较强眩晕感的问题。

二、VR行业应及时调整经营战略，在紧抓VR影视、VR旅行和探险、VR游戏这三个固有赢利点的同时，开拓VR教育市场。2018年10月，教育部印发的《关于实施卓越教师培养计划2.0》[②]中明确指出要充分利用虚拟现实、增强现实和混合现实等，建设开发一批交互性、情景化的教师教育课程资源。目前，VR技术在思政教育、医学教育、新闻教育、K12教育等领域的应用已被证明VR教育的可行性。因此，VR机构应把握VR教育的风口，根据自身情况，把经营重心部分转移到VR教育上来。

三、VR行业注重在社交媒体上的VR信息宣传，同时开设高质量、专业化的线下VR场所，以发掘潜在消费者，开拓消费市场。VR机构应在新媒体渠道中投放更多优质的VR内容，向大众普及VR技术，以开拓更为广阔的消费市场；在社交媒体上进行口碑营销，为品牌和机构积累美誉度。在线下渠道中，目前的实体VR体验场所还主要设置在商场、

① 孙豪.高校教育对VR行业的认知与人才培养[J].青年记者,2017(29):121-122.

② 《关于实施卓越教师培养计划2.0》，中华人民共和国教育部，2018年9月30日，http://www.moe.gov.cn/srcsite/A10/s7011/201810/t20181010_350998.html.

电影院或VR游戏体验馆。此类VR场所专业化程度不高，提供的内容也多以游戏为主，容易造成体验者对VR的误解。因此，由VR机构牵头，设置专业化的VR体验场所尤为必要。专业化的VR场所将成为推广VR技术和品牌的招牌，让更多潜在消费者切身体会到VR技术的魅力。

四、VR行业应保障从业者的薪资需求，提高福利待遇，给予适当补贴和奖金，形成激励机制。同时，还要注意关怀员工心理健康，在工作上适当减负。在本次调查对VR行业人员流失主要因素的调查中，有30.5%的从业者选择了“工作压力大”，有25.9%的从业者选择了“薪资不高”，且从业者的日工作时长多在8–10小时。因此，VR行业应该提高薪资水平和福利待遇，为从业者提供生活保障。同时，行业应摒弃一味追求效益和业绩的错误思想，注意对员工进行心理疏导，排解其工作、生活压力。

五、国家应加大对VR行业的资金投入，通过多种形式为VR行业招商引资，为其发展提供物资保障。同时适当将VR行业下沉到三四线城市，完善VR产业布局。资金投入是VR行业发展的重要保障之一，关系到VR发展的方方面面。适当加大对VR行业的资金投入，有助于VR技术更新、内容优化和从业者待遇提升。此外，目前VR机构还主要集中于北京、上海等一线城市。为进一步普及推广VR技术，三四线城市也可结合自身实际，试点引进VR技术，为当地经济发展创造新的增长点，从而完善VR产业布局。

六、有关高校应开设VR相关课程，对相关专业的学生开展VR教育，为VR行业发展提供后备军。VR行业对实践能力要求很高，因此高校设计、新闻、计算机等相关专业应该契合VR企业要求，培养实践能力强、创造能力强的专业人才；推进校企联合，做好学术成果转化[①]，为学生提供在企业实习锻炼的机会，也为VR企业提供科研智库；还要提升教师水平，借鉴国外VR教育的经验，使得教师提供的教学内容更

① 孙豪.高校教育对VR行业的认知与人才培养[J].青年记者,2017(29):121-122.

大程度上满足学生的需求。

七、VR从业者是VR行业发展的根本动力，提高VR从业者的职业认同感，就是为VR行业的发展注入强心剂。因此，本书基于VR从业者职业认同调查的结果，认为VR机构应大力提升从业者的职业认同。具体措施包括：尽量减少机构和整个行业的人员流失率，避免因人员流失而降低从业者的职业认同；采取多种措施提升从业者的职业获益感，为从业者营造出更多发展提升的空间。在岗位安排上选贤任能，提供丰富的外出交流学习机会；改善办公环境，维护团队和睦友好的人际关系；加强团队建设，鼓励新思维的碰撞；通过组织培训等形式提升从业者对VR行业的认知，让从业者看到VR行业的巨大发展潜力，提振从业者信心。

附录：2020中国VR从业者调研问卷

第一部分：

Q1 您的性别是

○ 男 (1)

○ 女 (2)

Q2 您的年龄

○ 20岁以下 (1)

○ 21–25岁 (2)

○ 26–30岁 (3)

○ 31–35岁 (4)

○ 36–40岁 (5)

○ 41–45岁 (6)

○ 46–50岁 (7)

○ 51–55岁 (8)

○ 56–60岁 (9)

○ 60岁以上 (10)

Q3 您的学历

○ 高中及高中以下 (1)

○ 大专 (2)

○ 本科 (3)

○ 研究生 (4)

○ 博士 (5)

Q4 您是否有海外学习背景

○ 是 (1)

○ 否 (2)

Q5 您的婚姻状况

○ 已婚 (1)

○ 丧偶 (2)

○ 离异 (3)

○ 分居 (4)

○ 未婚 (5)

Q6 您的专业属于

○ 计算机、电子信息类 (1)

○ 经济、工商管理类 (2)

○ 语言文学类 (3)

○ 新闻传播类 (4)

○ 哲学类 (5)

○ 社会学类 (6)

○ 艺术学类 (7)

○ 法学类 (8)

○ 理工科类 (9)

○ 其他 (10)

Q7 您在VR行业从业多少年了

○ 0–2年 (1)

○ 3–5年 (2)

○ 6–8年 (3)

○ 9–10年 (4)

○ 10年以上 (5)

Q8 您在VR行业中从事的工作属于

○ VR技术开发员 (1)

○ VR内容制作者 (2)

○ VR设备开发者 (3)

○ 其他 (4) ____________________

Q9 您为何选择进入VR行业（可选1个或1个以上的选项）

○ 热爱VR行业 (1)

○ 行业前景较好 (2)

○ 实现创意和梦想 (3)

○ 行业薪资高 (4)

○ 专业对口 (5)

○ 其他原因 (6)

Q10 您的月收入

○ 无收入 (1)

○ 1000元以下 (2)

○ 1000-3000元 (3)

○ 3000-5000元 (4)

○ 5000-10000元 (5)

○ 10000元以上 (6)

Q11 您所在的地区

○ 北京市 (1)

○ 天津市 (2)

○ 上海市 (3)

○ 重庆市 (4)

○ 河北省 (5)

○ 陕西省 (6)

○ 辽宁省 (7)

○ 吉林省 (8)

○ 黑龙江省 (9)

○ 江苏省 (10)

○ 浙江省 (11)

○ 安徽省 (12)

○ 福建省 (13)

- ○ 江西省 (14)
- ○ 山东省 (15)
- ○ 河南省 (16)
- ○ 湖北省 (17)
- ○ 湖南省 (18)
- ○ 广东省 (19)
- ○ 海南省 (20)
- ○ 四川省 (21)
- ○ 贵州省 (22)
- ○ 云南省 (23)
- ○ 陕西省 (24)
- ○ 甘肃省 (25)
- ○ 青海省 (26)
- ○ 台湾省 (27)
- ○ 内蒙古自治区 (28)
- ○ 广西壮族自治区 (29)
- ○ 西藏自治区 (30)
- ○ 宁夏回族自治区 (31)
- ○ 新疆维吾尔自治区 (32)
- ○ 香港特别行政区 (33)
- ○ 澳门特别行政区 (34)
- ○ 海外 (35)

第二部分：

Q12 您所在的公司成立多少年了？

- ○ 0–2年 (1)
- ○ 3–5年 (2)
- ○ 4–6年 (3)

○ 7–9年 (4)

○ 10年以上 (5)

Q13 您（或您所在的公司）属于哪种VR行业？

○ VR内容生产行业 (1)

○ VR设备制造行业 (2)

○ VR技术开发行业 (3)

○ 其他 (4) ________________

Q14 您（或您所在的公司）生产的VR产品或内容的主要购买人群是？（可选1个或1个以上的选项）

○ 学校 (1)

○ 公司 (2)

○ 品牌门店、电器卖场 (3)

○ 线下VR体验场所（VR体验店、电影院） (4)

○ 个人购买 (5)

○ 其他 (6) ________________

Q15 您（或您所在的公司）生产的VR产品或内容主要用于以下哪个领域？（可选1个或1个以上的选项）

○ 旅行和探险 (1)

○ 室内装修 (2)

○ 医疗保健 (3)

○ 汽车 (4)

○ 金融服务 (5)

○ 游戏 (6)

○ 直播 (7)

○ 教育 (8)

○ 电影和视频 (9)

○ 会议 (10)

○ 其他 (11) ________________

Q16 有关您（或您所在的公司）生产的VR产品或内容，主要通过以下哪个渠道进行传播？（可选1个或1个以上的选项）

○ 线下VR场所（VR体验店、电影院、KTV、网吧） (1)

○ 社交媒体（微博、微信、论坛、贴吧等） (2)

○ 手机VR App (3)

○ 朋友介绍 (4)

○ 电商网站 (5)

○ 电视 (6)

○ 品牌官网 (7)

○ 新闻网站 (8)

○ 视频网站 (9)

○ 品牌门店、电器卖场 (10)

○ 学校课程 (11)

○ 公司培训 (12)

○ 其他 (13) ________________

第三部分：

Q17 请选择您对于以下表述的看法

	非常不同意 (1)	比较不同意 (2)	一般 (3)	比较同意 (4)	非常同意 (5)
我非常热爱VR职业 (1)	○	○	○	○	○
我对于VR行业充满热情 (2)	○	○	○	○	○
我总是很自豪地跟别人表示我来自VR行业 (3)	○	○	○	○	○
我非常崇拜从事VR行业的人 (4)	○	○	○	○	○

续表

我觉得VR行业是一份神圣而光荣的工作 (5)	○	○	○	○	○
当我看到或听到别人积极评价VR行业时，总是感到十分欣慰 (6)	○	○	○	○	○
当别人对VR行业做出消极评价时，我总是感到十分难受 (7)	○	○	○	○	○
我很庆幸当初自己选择了VR行业而非其他工作 (8)	○	○	○	○	○
我愿意为了VR行业的发展做出自己的努力 (9)	○	○	○	○	○

Q18 请选择您对于以下表述的看法

	非常不同意 (1)	比较不同意 (2)	一般 (3)	比较同意 (4)	非常同意 (5)
目前VR职业是最适合我的 (1)	○	○	○	○	○
未来我愿意长期从事VR工作 (2)	○	○	○	○	○
我的公司常常会对员工进行VR相关知识和技能的培训	○	○	○	○	○
我总是积极参加一些与VR相关的活动 (5)	○	○	○	○	○
我总是花大量时间学习VR领域的相关知识 (6)	○	○	○	○	○

Q19 请选择您对于以下表述的看法

	非常不同意 (1)	比较不同意 (2)	一般 (3)	比较同意 (4)	非常同意 (5)
完成一项VR相关的工作让我感到非常高兴 (1)	○	○	○	○	○
我在单位做着有用的贡献 (2)	○	○	○	○	○
我的工作积极地影响他人的生活 (3)	○	○	○	○	○
我能够有效地解决工作中的问题 (4)	○	○	○	○	○
我完成许多有价值的工作 (5)	○	○	○	○	○
我十分擅长自己的工作 (6)	○	○	○	○	○

Q20 请选择您对于以下表述的看法

	非常不同意 (1)	比较不同意 (2)	一般 (3)	比较同意 (4)	非常同意 (5)
我对我的工作总体上很满意 (1)	○	○	○	○	○
我认为我的付出得到了相应的回报 (2)	○	○	○	○	○
目前的工作环境让我非常满意 (12)	○	○	○	○	○
目前同事之间的人际关系让我非常满意 (11)	○	○	○	○	○
我认为我的工作自主性很强 (3)	○	○	○	○	○

我认为我拥有很大的提拔和升职空间 (4)	○	○	○	○	○

Q21 请选择您对于以下表述的看法

	非常不同意 (1)	比较不同意 (2)	一般 (3)	比较同意 (4)	非常同意 (5)
我认为我的工作并不辛苦 (1)	○	○	○	○	○
我对我的工作很感兴趣 (2)	○	○	○	○	○
我认为我所在的单位很有发展前景 (12)	○	○	○	○	○
我认为VR行业很有发展前景 (11)	○	○	○	○	○
如果再来一次，我仍会选择VR行业 (3)	○	○	○	○	○

第四部分：

Q22 您的平均日工作时长是？

○ 8小时以下 (1)

○ 8–10小时 (2)

○ 10–12小时 (4)

○ 12–14小时 (5)

○ 14小时以上 (6)

Q23 您所在机构的人员流失率如何？

	非常低 (1)	比较低 (2)	一般 (3)	比较高 (4)	非常高 (5)
人员流失率 (1)	○	○	○	○	○

Q24 您认为目前VR行业的人员流失率如何？

	非常低 (1)	比较低 (2)	一般 (3)	比较高 (4)	非常高 (5)
人员流失率 (1)	○	○	○	○	○

Q25 您认为VR行业人员流失的原因在于？（可选1个或1个以上的答案）

○ 薪资不高 (1)

○ 工作压力大 (2)

○ VR市场前景差 (3)

○ 家人/朋友不支持 (4)

○ 个人对VR不感兴趣 (5)

○ 其他 (6) ________________________________

Q26 您认为目前大众对于VR产业的了解程度是？

	非常低 (1)	比较低 (2)	一般 (3)	比较高 (4)	非常高 (5)
了解程度 (1)	○	○	○	○	○

Q27 您对目前VR产业发展现状的态度是（–10为非常不乐观，10为非常乐观）

–10 –8 –6 –4 –2 0 2 4 6 8 10

态度（ ）	

Q28 您认为目前VR普及度是（–10为非常不普及，10为非常普及）

–10 –8 –6 –4 –2 0 2 4 6 8 10

态度（ ）	

Q29 您对未来VR产业发展的态度是（–10为非常不乐观，10为非常

乐观）

	-10　-8　-6　-4　-2　0　2　4　6　8　10
态度（　　）	

Q30 您认为限制VR产业进一步发展的因素是？（可选1个或1个以上选项）

○ VR技术不成熟 (1)

○ VR设备较落后 (2)

○ VR内容不够优质 (3)

○ 技术成本高 (4)

○ 市场需求较小 (5)

○ 资金不足 (6)

○ 政策扶持不足 (7)

○ 法律保护不完善 (8)

○ 其他 (9) ________________________________

第四部分

VR虚拟现实技术的应用、发展和研究

5G条件下VR产业发展的突破预期

徐晨霞　张洪忠
北京师范大学新闻传播学院

教育传媒研究Journal of Education and Media Studies
2020年01期 ISSN：2096-1626

一、问题提出

VR(Virtual Reality)，即虚拟现实，是一种计算机仿真系统，通过对三维世界的模拟创造出一种崭新的交互系统。该系统能使用户沉浸到所创造的虚拟世界中，并具有优异的交互性和构想性。[①]

2015年下半年到2016年初，VR瞬间火热，资本蜂拥而至，VR头盔、VR眼镜等新兴产品层出不穷，VR+教育、医疗、游戏、影视等产业引领了一股新的潮流。2016年因此被称为VR元年。这一年，国家政策层面释放出利好信号，国务院印发《国家创新驱动发展战略纲要》，将VR技术提升至国家未来发展战略的重要一环。

然而，就在人们满怀期待地迎接VR新时代的到来之际，2016年下半年，资本渐冷，随之是一系列的VR企业裁员、欠薪、倒闭现象出现。[②]我国VR产业可谓直坠寒冬，出现了“一哄而上”“高端产业低端化”“同质化竞争”等一系列问题。一方面，VR企业数量陡增，匆忙

① 详细请参见中国电子技术标准化研究院发布的《虚拟现实产业发展白皮书》,中国互联网数据资讯网,http://www.199it.com/archives/471056.html,2016年5月11日。

② 视界君:《2017还在上演裁员、欠薪、倒闭的VR行业,我们还会看好它吗?》,99VR视界,http://vr.99.com/news/01162017/233451141.shtml,2017年1月17日。

抢占市场，利用VR概念热度获取投资，盲目发展。但概念很热、技术不精、消费者体验不好，VR企业难以持续。同时，由于缺乏具有雄厚的研发实力和资本积累的企业进行资源整合，VR领域难以形成“产业雁阵”。[①]另一方面，我国VR产业缺乏创新驱动发展，技术研发能力明显不足。我国VR企业以初创公司为主，资金投入有限，集中于硬件研发，关键环节如数据处理、人机交互等方面的研发严重不足。[②]

短短两三年时间里，我国的VR产业就遭遇了冰火两重天。社会和资本为什么会对VR产业产生如此大的认知变化？究其原因是对新传播技术的发展规律和影响VR产业的因素认识不足，不能理性客观地看待一项新传播技术的普及应用，没有认识到基础的通讯技术对VR产业的影响。由此，本文试图探讨以下几个问题：第一，如何准确认识当前我国VR产业的发展阶段？第二，第五代通信技术（以下简称5G）的应用将对我国VR产业产生什么影响？第三，如何预测5G时代我国VR产业的发展时间表？

二、从创新扩散理论看VR产业的认知错位

创新扩散理论是由美国学者埃弗雷特·罗杰斯（E. M. Rogers）于20世纪60年代提出的。罗杰斯认为，创新是一种被个人或组织视为新颖的新观念、新事物、新产品；创新扩散是对新观念、新事物、新产品进行传播的社会过程。罗杰斯对创新事物在社会系统中扩散的基本规律进行了总结，提出了著名的创新扩散S-曲线理论。该S-曲线涵盖了一项新技术的应用所要经历的创新者、早期采用者、早期众多跟进者、后期众多跟进者、滞后者等五个发展阶段。第一阶段是创新者使用阶段，只有约2.5%的人使用；第二阶段是早期采用者阶段，约13.5%的人使用；第

① 陈燕楠:《爆发前夜,国内VR产业陷同质化竞争》,《人民邮电》2016年3月9日。

② 吕海霞:《我国虚拟现实三大问题亟待突破》,《通信产业报》2016年5月9日。

三阶段是“早期大众采用人群”阶段，约34%的人使用；第四阶段是后期大众采用人群阶段，约34%的持怀疑态度者也使用起来；最后一阶段是约16%的迟缓者，即保守传统人群也进入使用阶段。[①]

从创新扩散理论的五个阶段来看VR技术的应用可以发现,VR还是一项不断在迭代更新的新传播技术，目前使用者规模还不大，主要是一些创新者在使用，也就是处于五阶段中的第一阶段水平，还没有进入到大众使用层面。但在2016年上半年之前，媒体普遍将VR技术视作马上来临的新浪潮，营造了一种正在进入第三阶段——早期大众使用阶段，VR新技术将马上得到大规模应用的假象。相应地，资本也顺应这样的方向涌向VR产业，带来一种虚假的繁荣。

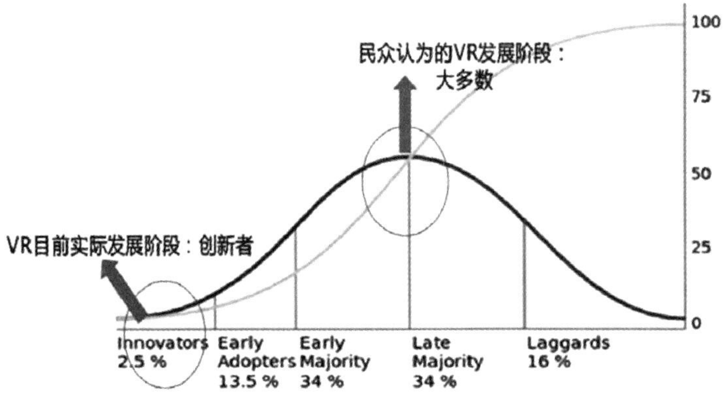

VR发展阶段认知错位示意图

从上图可以看出，VR产业的实际发展阶段还是创新扩散理论所指出的第一阶段——少量创新者使用阶段。但社会却认知为是在第三和第四的社会大众使用阶段，这就造成了一种实际发展与认知之间的错位。2016年上半年之前社会和资本看待VR产业的发展都认为是在第三、第四的大众使用阶段，但在高期待没有得到高回报之后就迅速进入高失望，也就是前面所说的“寒冬”。这是没有准确认识VR作为新传播技

① 〔美〕埃弗雷特·M·罗杰斯:《创新的扩散》,辛欣译,中央编译出版社2002年版,第245页。

术应用的发展现状所导致的。

三、5G时代VR产业发展的时间预测

眩晕、卡顿等问题影响了当前用户的VR体验感，也严重制约了VR技术的推广使用。导致这些问题出现的一个根本原因是4G带宽不够，无法支持VR的流畅使用。在4G条件下使用VR，就好比大客车在简陋的乡村道路上行驶，是没有办法跑起来的。也就是说，VR技术在4G通信网络下无法真正发展起来，只能停留在少部分创新者使用阶段上。

5G通信技术可以满足VR技术的带宽需求。5G所能提供给VR的技术通路包括：一是峰值速率达到20Gbps，用户体验数据率可达100Mbps—1Gbps，峰值速度至少是4G的10倍以上甚至100倍，能支持VR设备以无线方式高速、稳定运行，摆脱现有设备的有线束缚；[①]二是连接数量更多，连接数密度可达100万个/平方公里，流量密度可达10Mbps/平方米，可以有效支持海量的物联网设备接入，支持未来千倍以上移动业务流量增长；三是通信过程中的时延会越来越低，传输时延可达毫秒量级。[②]5G通信技术为VR的普及提供了发展基础，VR应用将不再受通路制约。这里就出现一个问题：5G条件下VR产业什么时间可以发展起来？回答这一问题需基于两个条件。

首先，5G通信技术在我国落地的时间。2018年5月22日，在福州举办的首届数字中国建设峰会上，工业和信息化部信息通信发展司司长闻库发布了中国5G发展的“时间表”，具备示范应用能力的5G终端最早将在2019年下半年推出。[③]当前5G网络已经进入试商用期，三大运营商率先在南昌开通5G实验网络，千兆宽带也在很多城市开始推广普及。

---

① 张洪忠、丁磊:《5G时代的VR社交会取代微信吗?》,《新闻与写作》2018年第7期。

② 详细请参见工信部中国信息通信研究院发布的《5G经济社会影响白皮书》,知识库,https://www.useit.com.cn/thread-15601-1-1.html,2017年6月15日。

③ 《工信部发布5G发展时间表:终端2019年下半年推出》,海外网,http://m.haiwainet.cn/middle/3543420/2018/0528/content_31324514_1.html,2018年05月28日。

根据《中国移动互联网发展报告（2016）》显示，能顺畅实现VR大规模应用的5G技术标准很可能在2020年启动网络商用。[1]

其次，在5G通信技术基础上，VR产业发展的时间问题可以参照4G条件下短视频和直播应用的普及来分析。2013年12月，三大运营商获得4G运营牌照，北京、上海、广州、深圳等16个城市可享受4G服务。2014年3月，三大运营商均开始4G商用服务，该时间点短视频和直播开始进入市场发展期。到2016年，直播元年到来，快手、抖音等小视频开始成为爆款产品。延续到2018年，短视频和直播进入后期大众使用阶段，成为互联网的一个最大流量应用。从短视频和直播应用的普及扩散来看，从4G通信技术落地开始，只用了三年时间就进入发展元年的快车道，五年时间进入大众使用规模。

由此，我们可以看到VR产业发展的一个基本未来图景。如果以2020年5G商用为计算起点的话，VR技术的普及可能会用3–5年时间，可以大胆预测在2023—2025年VR将可能进入大众使用元年。对于以互联网为代表的新媒体产业来说，每一次互联网传输技术的升级都会带来媒介生态的变革。可以预见，大宽带、低延时的5G网络将是未来VR产业发展的拐点。

四、5G基础之上的VR产业三个发展方向

5G技术为VR产业发展解决了基础的通路问题，VR产业的发展还取决于技术、内容、商业模式三个方面的影响。换句话说，这三个影响因素也是VR产业下一步的三个努力方向：

第一，VR技术迭代将加快，相关的产业链条将形成。5G网络通路打通之后，VR产业发展首先需要突破的是技术难关。VR设备应当达到高性能、强续航、优质视觉效果、沉浸感、交互感、构想性、实用性、

---

① 官建文:《中国移动互联网发展报告(2016)》,社会科学文献出版社2016版,第124页。

便携性、安全性、舒适性、价格亲民等多项技术标准。一旦5G商用开始，VR的普及使用成为可能，资本将大量进入，进而推动技术更新迭代的速度加快。VR技术的应用包括软件系统、拍摄设备、头显终端等，这些构成VR产业链的每一个环节都将是下一步的产业增长点。

在5G时代来临之际，我国VR产业在技术层面还需要加强核心技术攻关。VR产业在经过市场洗礼后，必须在核心技术上有所突破和创新才能重新找到市场的爆发点。VR技术研发应主要集中在以下几个方面：一是硬件技术，包括显示设备、计算设备、专用芯片等；二是虚拟场景的建模技术，包括几何建模、物理建模和对象行为建模等；三是VR的多感知技术，包括触觉、嗅觉、味觉等多种感觉；四是自然交互技术，包括手势、语音、笔式、眼动和触觉等。[①]

技术的普及应用还需要技术标准的制定，这是VR产业走向成熟的一个标志。技术标准包括产业链的各个环节，如系统评价的指标体系，拍摄设备的各项指标标准，终端硬件的接口、视场角、透光率、分辨率、佩戴舒适度、电气和电磁兼容安全性等。

第二，内容产业将迎来升级换代。德意志银行研究报告《虚拟现实时代到来》认为，内容是早期购买者的重要决定因素。进一步市场化的关键并不是硬件，而是内容。其中最重要的是创设沉浸式的内容和合适的故事情节。[②]VR产业实质上是一个内容产业，尤其作为一个新兴的互联网形态，VR产业需要全新的大量内容来支撑。也就是说，在5G时代内容产业将迎来新一波大发展，但同时，内容质量又将影响VR产业的发展进程。

一方面，5G时代的VR内容产业将向垂直细分领域快速渗透，传统企业进入VR内容地带垦荒。VR技术的沉浸感和在场感极宜与文物、旅游、非遗、动漫、影视等文娱领域融合，实现文化资源的数字化转化和

① 杨文珍:《客观看待虚拟现实产业》,《信息化建设》2018年第5期。

② 《德意志银行VR报告中文完整版：让你了解关于VR的一切》，搜狐网，http://www.sohu.com/a/71435085_119620,2016年4月25日。

开发，及VR在文化、旅游、娱乐等行业的创新应用。VR还将全面进入房产、教育、医疗、会展、制造业等社会领域的方方面面；另一方面，爆款内容的出现将加速VR产业的普及。一些爆款内容产品将对未来VR产业的发展速度起到催化剂作用，就像阿凡达引燃3D电影和3D银幕市场一样，能够改变人们对事物的认知方式和大幅度缩短对新技术的接受时间。

第三，全新互联网商业模式将出现。VR技术重塑内容生产方式和传播平台，带来了崭新的商业模式。在传播领域，目前将会产生直接影响的是游戏、影视、直播和社交等领域。

VR将首先颠覆游戏的商业模式。VR的虚拟性与游戏的虚拟性天然契合，VR技术的沉浸感、交互性和构想性能大幅提升游戏用户的体验感。预计2020年全球VR市场规模将达404亿美元，增长率为230.0%，其中VR游戏市场规模将达149.5亿美元，约占VR产业的37.1%。[①]5G时代，VR游戏将真正实现从“人机交互”到“人机交融”，[②]改变原有的游戏规则，极大地提高体验感。

影视内容行业是一个很快会被VR技术影响的领域。VR影视具有全景式、交互式、沉浸感、在场感等特点，能给观众带来全新的观影体验。VR影片剧情能提供分支结构以增强观众的参与感，观众能以第一人称视角与情境互动。[③]在场感使用户在观看视频的同时又感觉身处电影角色之中。Oculus首席科学家迈克尔·亚伯拉什（Michael Abrash）认为，VR体验中的“在场”与沉浸其中不同，后者是感觉自己被虚拟世

---

① 佚名：《易观报告：2020年全球VR市场规模将达到404亿美元》，搜狐网，http://www.sohu.com/a/111669833_394194,2016年8月23日。

② 佚名：《2018年VR游戏行业发展现状：硬件升级和降价推动VR游戏快速普及》，《经理人》2018年6月20日。

③ 王楠、廖祥忠：《现实环境驱动下VR产业的发展趋势》，《河北师范大学学报（哲学社会科学版）》2017年第1期。

界中的图像所包围，而“在场”是感觉自己身处虚拟世界中。[①]据艺恩上海分公司分析，预计到2025年，VR影视产业将占全球VR/AR产业份额的1/5，[②]这将极大地激发VR影视从业者的信心。

直播也将是VR技术最容易进入的领域。相对游戏和视频，VR直播的沉浸感和交互性更能满足用户的使用需求，使用户更具有在场感。NextVR等公司已经通过专属算法和360度摄像机来提供体育和其他事件的VR直播，让用户具有身临其境的感觉，这种沉浸式的观看体验令传统电视直播无法与之相提并论。[③]

另外，社交将进入新的使用模式，VR社交是超越微信、微博等当前社交媒体的新形态。早在2016年，扎克伯格就在西班牙巴塞罗那举办的世界移动通信大会上预测，VR将成为社交平台的下一个风口。Facebook是第一个支持VR360视频的社交媒体。目前，包括Facebook在内，诸多VR公司已发布VR社交的形态，[④]VR社交平台以360度全景体验的模式成为新型的社交平台，它比在电脑和手机上使用更加丰富、立体和高效，是对现有社交平台的升级。VR社交具有四大特点：一是VR社交高度沉浸化；二是VR社交的交互方式场景化；三是VR社交具有实时性；四是VR社交可以进行非言语传播。可见VR社交才是真正的社交。[⑤]

五、结语

每一次通讯技术的升级都会带来媒介生态的变革和对人们生活方式

① 《2016年德银VR虚拟现实行业分析报告》，百度文库，https://wenku.baidu.com/view/828e1dee6037ee06eff9aef8941ea76e58fa4af8.html,2017年12月12日。

② 孙丽君、张雪：《VR影视产业盈利模式探析——基于传统影视价值链的分析》，《人文天下》2018年第5期。

③ 《德意志银行报告：虚拟现实时代到来》，百度文库，https://wenku.baidu.com/view/828e1dee6037ee06eff9aef8941ea76e58fa4af8.html,2016年3月3日。

④ 鲍威为：《VR产业投融资布局分析》，《首席财务官》2016年第15期。

⑤ 张洪忠、丁磊:《5G时代的VR社交会取代微信吗?》,《新闻与写作》2018年第7期。

的改变。即将到来的5G将为VR技术的普及提供通路基础，VR技术的普及应用将为用户提供一种崭新的社会生活方式，带给人们前所未有的体验。VR产业的发展将使得VR会像PC和智能手机一样进入寻常百姓家。随着技术的升级迭代，VR可能会成为通用性技术的又一平台，实现与各行业领域的深度融合，为大众生活和工作带来更多便利和乐趣。

在期待VR产业大发展的同时，我们也应当对VR产业的发展保持理性认识，不能说进入5G时代，VR产业就会自然而然地发展，任何一项新技术产业的发展都受到多个变量的制约，任何一个变量都可能延迟或者改变新技术的应用进程。另外，VR产业所包含的技术、内容、商业模式三者的发展也不是同步的，有快有慢。不过，VR产业总体发展趋势是可预见的，在5G商用化的未来3-5年内，VR产业将会走进大众生活，成为社会大众使用的一项新媒介技术。

注释

1. 详细请参见中国电子技术标准化研究院发布的《虚拟现实产业发展白皮书》,中国互联网数据资讯网,http://www.199it.com/archives/471056.html,2016年5月11日。

2. 视界君:《2017还在上演裁员、欠薪、倒闭的VR行业,我们还会看好它吗?》,99VR视界,http://vr.99.com/news/01162017/233451141.shtml,2017年1月17日。

3. 陈燕楠:《爆发前夜,国内VR产业陷同质化竞争》,《人民邮电》2016年3月9日。

4. 吕海霞:《我国虚拟现实三大问题亟待突破》,《通信产业报》2016年5月9日。

5. 〔美〕埃弗雷特·M·罗杰斯:《创新的扩散》,辛欣译,中央编译出版社2002年版,第245页。

6. 张洪忠、丁磊:《5G时代的VR社交会取代微信吗?》,《新闻与写作》2018年第7期。

7. 详细请参见工信部中国信息通信研究院发布的《5G经济社会影响白皮书》,知识库,https://www.useit.com.cn/thread-15601-1-1.html,2017年6月15日。

8. 《工信部发布5G发展时间表:终端2019年下半年推出》,海外网,http://m.haiwainet.cn/middle/3543420/2018/0528/content_31324514_1.html,2018年05月28日。

9. 官建文:《中国移动互联网发展报告(2016)》,社会科学文献出版社2016版,第124页。

10. 杨文珍:《客观看待虚拟现实产业》,《信息化建设》2018年第5期。
11.《德意志银行VR报告中文完整版：让你了解关于VR的一切》，搜狐网，http://www.sohu.com/a/71435085_119620,2016年4月25日。
12. 佚名：《易观报告：2020年全球VR市场规模将达到404亿美元》，搜狐网，http://www.sohu.com/a/111669833_394194,2016年8月23日。
13. 佚名：《2018年VR游戏行业发展现状：硬件升级和降价推动VR游戏快速普及》，《经理人》2018年6月20日。
14. 王楠、廖祥忠：《现实环境驱动下VR产业的发展趋势》，《河北师范大学学报（哲学社会科学版）》2017年第1期。
15.《2016年德银VR虚拟现实行业分析报告》，百度文库，https://wenku.baidu.com/view/828e1dee6037ee06eff9aef8941ea76e58fa4af8.html,2017年12月12日。
16. 孙丽君、张雪：《VR影视产业盈利模式探析——基于传统影视价值链的分析》，《人文天下》2018年第5期。
17.《德意志银行报告：虚拟现实时代到来》，百度文库，https://wenku.baidu.com/view/828e1dee6037ee06eff9aef8941ea76e58fa4af8.html,2016年3月3日。
18. 鲍威为：《VR产业投融资布局分析》，《首席财务官》2016年第15期。

沉浸：虚拟现实的审美溯源、创新与技术进路

北京师范大学 姜申（北京：100875）

艺术科技Art Science and Technology|
2018年12期ISSN：1004-9436

虚拟现实的产生源于人类对两个方面的不懈渴求：在审美上，追寻看与被看间——主客体距离的泯灭，即“入画”的沉浸感；在科技上，对空间的数字化复制与扩大生产，即对空间再生产的强烈愿望。

一、对“三维沉浸”的美学追索

就第一点而言，人们总希望为架上艺术（如绘画）的平面性带来些许变化，使之看起来不再是与观赏主体间完全割裂的两个对象，而将观者引入到画面之中，构成某种三维视角的联系。在中国，汉代的墓葬画像砖上可以看到古代艺术为此而做出的努力：在群臣朝贺的场面中，一排排个体除正面或侧面像以外，还出现了斜面像的勾勒，使平面表达具有景深的厚度。十六国至北魏时期，佛教使立体造像兴盛起来，进而与石窟艺术相融合，为平面绘画提供了立体的观赏空间。敦煌早期绘画中，已有依据宗教人物的重要性而进行身形塑造的大小差异；唐代绘画进一步将人物的大小与空间远近相关联，画中景物虽边际模糊、无界无束，却体现出局部的原始纵深感。到宋代《清明上河图》已运用成熟的散点透视技法，令街道、桥梁、船只、商铺、人物等丰富的场面透过散漫的多个视点聚合在一个画面里，将世俗生活的细节予以详尽地表现。在西方，文艺复兴为几何在绘画中的渗透带来契机，焦点透视技法蓬勃发展，即在二维平面上利用线和面趋向会合的视像错觉原理，烘托景物

的三维艺术表现力。如达·芬奇名作《最后的晚餐》中，画家利用直角边线向心点集中的原理，引导观者视线形成视觉中心和封闭式纵深构图，同时以餐桌为水平线横亘在前方，构成画面的稳定。与散点透视不同，焦点透视塑造一个生动的切入视角，着力营造与观者融为一体的空间实感。当然，平面绘画总要与观者保持一定距离，这成为后者融入"画境"的巨大阻碍。于是，在15世纪初的意大利布兰卡契礼拜堂，马萨乔尝试用横向弯曲的平面作画，将观者的左右视野包裹在一组近似半圆弧状延伸的宗教壁画中，这样绘画空间就有效地将面对它的人包围起来。这种原始的"沉浸感"在更早的中国（比如敦煌）洞窟绘画中也得以运用，即洞窟不仅为宗教艺术遮风避雨，它在创作的一开始便可能成为构思的一部分，为壁画及造像的空间立体感（或沉浸感）造势。1900年巴黎世博会上，电影刚刚问世不久，法国人塞松就开始尝试环幕电影，在一个直径约32米的圆柱形大厅内，他用十台70毫米电影放映机，从大厅中心向四周放映世界各地的城市风光，用银幕营造出密闭空间内的全景视场。总之，人们从未放弃对自己脑后景物的兴趣，而追求"周知"的结果往往使观者自身陷入艺术表达所勾勒的空间之中。

然而，文艺空间实现了对人的身体的包裹，却难以提升感知的纯度。无论洞窟还是环幕，身体总以不合时宜的在场性提醒着观者：你和视觉文艺之间存在距离，你在看而不是沉浸其中。怎样能够去除环境干扰的因素而融入纯粹的视觉感知中？早期的电话机设计提供了启发：为了避免杂音和环境干扰，人们在接听电话时用听筒堵住耳朵、用麦克风尽量接近嘴唇。机器与媒介器官越接近，它所得到的有用信息越多、所受外界干扰越弱。沿着这一思路，人们开始幻想一种装置，能撇开身体而直接为人的眼睛提供视觉信息供给。1932年，英国作家阿道司·赫胥黎在他的反乌托邦小说《美丽新世界》里，以公元26世纪为背景描述未来世界的种种场景。[①]其中就提到一种戴在眼前的观影设备，可为观众

① [英] 奥尔德斯·赫胥黎：《美丽新世界》，陈超译，上海译文出版社，第1版，2017年。

提供视听甚至嗅觉等感官体验，以营造出沉浸式的电影世界。这一幻想开启了虚拟现实技术应用的新篇章。

二、早期技术实践

1968年，计算机图形学家伊万·萨瑟兰（Ivan Sutherland）制造出一个真正的头戴式显示器，取名为“达摩克利斯之剑”。这是对虚拟现实最早进行实证的装置，能够显示一个简单的几何图形网格并覆盖在佩戴者周围的感知环境上。由于具备真实的电子光学显示能力，系统有着异乎寻常的重量，而不得不吊在天花板上以分担使用者头颈部的压力。“达摩克利斯之剑”是西方人熟知的历史典故：公元前4世纪，古希腊的移民城邦叙拉古，统治者狄奥尼修斯二世有一位朝臣名叫达摩克利斯。后者非常喜欢奉承他的君主，讲道：作为一个拥有权力和威信的伟人，狄奥尼修斯实在很幸运。狄奥尼修斯于是提议，与他交换一天的身份，那样他就可以切身体会到首领的命运。在晚上举行的宴会中，达摩克利斯非常享受成为国王的感觉。当晚餐快结束的时候，他抬头才注意到王位上方仅用一根马鬃悬挂着的利剑；这令他立即失去了对美食和美女的兴趣，并请求狄奥尼修斯放过他，他再也不想得到这样的幸运。从外表上看，这个虚拟现实设备像是悬在头上的利刃，为体验者带来不安；但这个典故也暗示着“感觉的交换”——某种在真实情况下不可能体悟到的虚幻现实。

二十世纪七十年代，美国航天局为培训航天员开发了安装在头盔上的显示设备。1987年日本任天堂推出了配合电视游戏机使用的Famicom 3D System游戏眼镜。1993年世嘉公司在北美消费电子展上推出了虚拟游戏眼镜“SEGA VR”。由于“虚拟现实”在媒介研究中的持续升温，人们赋予它一个简化的名字“VR”，即英文“Virtual Reality”的缩写。VR开始了由专业应用向游戏消费类应用的转折。索尼、HTC、Facebook等巨头纷纷踏上虚拟现实硬件的探索征程。

人们对虚拟空间的应用热忱似乎来不及等待VR硬件播放手段的成

熟就早已展开。计算机图形学及图像处理技术在建筑、工业设计等领域中已有很长的应用历史，消费领域中：数字电影特效和游戏场景的虚拟搭建也早已探索出成熟的应用路径。近年来，博物馆的虚拟展示也大规模拓展：从早期罗浮宫推出数字博物馆，到意大利庞贝古城的虚拟复原，再到圆明园的数字化重现等等。通过计算机虚拟建模的方式进行空间表达，已不是什么高难度的科学范畴。但“计算机建模”的时间和精力投入巨大，在没有足够的VR观看硬件适配的状态下，仍停留在二维平面输出的水平上，缺乏空间感的包裹和沉浸体验。

三、全景视频的介入

VR真正的爆发是在2015年前后，缝合软件的成熟使多台固定角度的广角相机有可能通过流媒体（实景摄像）的方式构建实时运动的360° 全景空间。与传统的计算机建模相比，实景VR有着显而易见的优势：它无须运行建模软件，可节约大量的渲染时间和运算精力；比起计算机模拟效果，实景摄录的现实感更强、更逼真，最新的3D VR摄像系统甚至能轻而易举地构建出三维立体的实景空间。当然，在交互性的嵌入上，实景拍摄不如计算机建模在程序结合上那么方便。

早期的民用VR实景拍摄系统由6-12台小巧的运动相机（如GoPro相机）通过特制的金属框架拼合而成，每一台相机只负责摄录一个角度的运动图像，拍摄完成后将每台相机的存储卡数据依次导入电脑，再开启拼接软件对各个角度的图像进行缝合，之后用普通的视频软件进行剪辑和后期处理，即可使用VR播放器进行全景观看。随着拍摄硬件的集成化发展，也逐渐出现了一些具备全自动缝合的高端一体化VR相机，这类设备是专门为VR拍摄而设计的，缝合精度及成片效率明显提升，已具备新闻采编和直播应用的水准。

拍摄端的精进使全景观影需求出现井喷式的增长，也带动了VR播放端的硬件发展。从媒介技术的延展上看，VR视觉播放硬件大致分成三个主流形态。

第一种形态被称作“需要外接计算平台”的VR眼镜，以HTC VIVE、Oculus Rift、索尼PS VR为代表。这类眼镜内置固化的显示系统，但核心的计算能力（CPU、图形加速器、内存等）需要通过线缆与电脑或游戏主机相连而获取。因此，这类设备的图形处理能力强、适用范围广、迭代升级容易、显示精度有保障、接口丰富，可连接各种外设操控硬件（如手柄、红外或体感控件），交互娱乐性强，适用于高端游戏及综合视觉体验中，商业延展价值高。另一方面，外接处理器的VR硬件相对庞大、沉重，在便携性上有着致命的短板，难以在汽车、火车、飞机等交通工具上作为随身娱乐系统使用；线缆的长度也限制了佩戴体验的空间移动性，使其只能固化在商场或固定的展示环境中应用。

第二种形态：“手机盒子”，源自谷歌在法国的两位工程师，他们充分运用智能手机作为通用的计算与感应平台（手机内置处理器和方位传感器）尝试设计移动播放软件在手机上实现360°分屏显示，再将手机置于配有凸透镜的特质纸板眼镜盒中形成一个虚拟现实的原型设备。这个纸盒眼镜被称为Google Cardboard。由于其结构简单，很快被各地推广开来，原来的纸板也升级为工程塑料。其优势在于，与各种手机的适配性极强，消费者无须添置任何电子硬件即可体验VR；由于处理器、方位传感、内存、电池都内置于手机，它的便携性大大增强、应用场景趋于生活化；成本的低廉蕴藏着巨大的普众化潜力，利于虚拟现实向大众消费市场的拓展。但由于各类手机的尺寸、分辨率不一致，导致这类设备的沉浸效果一般，也缺乏足够的交互界面和接口，互动体验不足。所以，这类设备只适用于家庭VR视频、低端游戏和VR新闻阅读等生活场景。

第三种形态被称作“VR一体机”，它建立在弥补前两种形态不足的基础之上，将处理器、传感器、内存、电池、按键等电子设备集中于VR眼镜，提升了便携性、移动性；又内置了高精度、大视场角、色彩丰富的显示系统，提升分辨率、增强了沉浸体验。但这种高度电子集成化产品的软硬件升级潜力相对有限，系统复杂拉高了它的设计制造成本，连接外部设备的能力不强。因此，一体机更适用于商业展示和专业应用范畴。

四、技术进路

在未来，硬件观看设备的提升主要向着：高解析度、大视场角、快速动态显示以及全景声场等四个方面演进。VR眼镜的屏幕解析度直接关系到观众对虚拟空间的仿真体验，提高屏幕分辨率势在必行，4K以上的全高清显示系统将普遍应用于VR体验。虚拟现实头盔在视场角方面仍显局促，观众佩戴时很容易感受到眼眶四周的边框，这极大限制了身临其境的“代入感”，因此扩大视场角度成为硬件设计的关键。方位传感器需具备敏锐的随动反应能力，并将体验者的细微移动与显示内容做相应的匹配，在传感和显示中处理速度稍有迟疑便会形成拖影，造成观者的晕眩或不适。声音也是VR影音体验中的重要一环，传统的立体声场建立在观众与屏幕间固定的方位上进行输出，左右声道构成一条轴线与屏幕方向近似垂直；而VR需要随观众视场的方向变化输出全向的声音，被称之为“全景声场”，即与方位传感器随动的声音程序，才能提供良好的沉浸视听体验。

在VR视听设备日趋成熟的今天，虚拟现实业态呈现出明显的分野。一部分力量以原有的计算机建模为基础、占据编程的优势，面向游戏市场、拓展交互的可能性，在商业广场等人口密集区建立大规模“虚拟现实体验店”，快速形成商业盈利模式，这类模式的显著特征是计算机动画和强交互操控特性，用户参与性强，但系统复杂、成本高、画面真实性相对较弱。另一部分力量借助最新的VR相机，以实景拍摄为基础、全景视频缝合为优势，面向直播、家庭、博物展示、新闻纪录等领域，努力拓展沉浸效果；在旅游、房产、科普、教育、广告等特殊应用场景，具有广泛的发展前景，这类模式对计算机建模的需求相对较弱、开发周期短、成本低廉、操作简易，符合碎片化信息传播对时效性的迫切要求。这类模式的显著特征是逼真的全景视效，但尚缺乏交互接口和操控界面，给用户提供的互动机会有待提升。以发展的眼光看，虽然两类模式具有明显的技术区别，但其发展方向殊途同归。为了给用户营造沉浸式的虚拟体验，就必须还原场景的真实性，动画建模就必须向实景成像技术靠拢；要提升沉浸感，就必须改善虚拟现实与用户之间的交互，互动越自然，感知就越真实，因此实景VR就必须要向计算机编程靠拢，以提供更多的交互接口和互动性。未来，动画VR与实景VR在应用上一定会突破技术壁垒、相互借鉴，向着合流的方向演进。

总之，在科技更迭如此迅速的时代，我们不应忘记科学的初衷与使命——源自人的智慧、服务于人的生活。期待虚拟现实的发展能给人类带来更好的视觉体验与审美体悟。

迷失与交互：VR视角下的新闻纪录与影视业态

北京师范大学 姜申（北京：100875）

西部广播电视West China Broadcasting TV
2019年04期ISSN：1006-5628

VR技术的发展为受众的信息感知带来前所未有的变革，直观地体现在对“距离感”的消解之上。如果说报纸使今天的新闻在今天得以呈现；而电视又使现在发生的事情得以现场直播；那么，VR所带来的则是信息的“直接浸入”。不论报业还是电视业态，总在时间或空间上与受众保持着某种距离感，而VR所带来的正是对距离感的抹杀。VR不只是对空间的重塑，也是对时间的重塑。虚拟现实能够撼动此时此刻观众自身对物理空间的感知、覆盖物理时刻，这是它最具革命性的影响。即，信息传播的时空观念被颠覆，用VR技术呈现的“新闻”与“纪录片”已没有本质区别；在VR面前，历史的时间性被碾平，成为永恒的当下。

从信息的技术适用性看，大多数新闻场景并无绝对必要采取VR报道方式。VR的制作周期长、阅读成本激增，在“时新性”上又难以体现其优势。对于一般的都市热点、社会动态、时政新闻，人们只关心“时间、地点、人物、事件……”，简明而高效地获取信息足矣；受众不大会为了了解“政府工作会议的内容”而大动干戈地购置一台VR眼镜。还有一些深度报道，例如人物报道、事件通讯，同样不适合虚拟现实。反之，人们发现那些带有浅表视觉吸引力的内容——包含视觉奇观的新闻题材更适合做成VR。特别是：因人为环境隔绝导致无法亲临现场的时候，比如网易新闻用VR将观众带入切尔诺贝利核事故30年后的现场废墟中。当然，视觉的浅表并不意味着肤浅，VR也尝试展现深刻的内涵。纽约时报的第一个VR新闻故事：《流离失所》，报道了战争残骸带给孩子们的心理阴影，旨在揭示当下最悲惨的人道主义危机。

类似的创作比比皆是，2015年联合国在全球范围内支持拍摄了四部有关民生的VR新闻纪录影片，分别关注：叙利亚难民生活、非洲埃博拉疫情、印度恒河的卫生，以及中国南方山村中的留守儿童。其中，《山村里的幼儿园》将目光投向湘贵地区的大山深处，那里的年轻人都已进城务工，留下的是孩童与老人。影片中孩子娇小的身影与空旷而阴暗的屋棚形成巨大的反差，体现出精神上的"孤零"。这里，我们看到VR在空间沉浸体验方面为纪录片带来的新意。联合国高级顾问兼电影制片人加博·阿罗拉谈到本片时说："中国正在经历一场前所未有的经济增长，正变得越来越富有。但我认为，人们应该关注那些落在后面的人，那些在挣扎着的人。"[①]虽然在物质上这些留守儿童不一定有多么匮乏，但与父母的长期分离造成他们精神上的缺失。之所以使用VR是因为它更容易让人产生"同理心"，即透过"沁入感"突显出空间的沉寂与窘迫。

与传统影视相比，VR在视觉信息的生产与呈现上有巨大的不同。传统影视在拍摄环节，可以彰显出作者的选择性意图；在后期制作环节，可以进行剪接、筛选出利于表现自己立场的信息，甚至操纵议程设置。而VR属全景摄录，原有的蒙太奇以及镜头运动难以施展，留给作者裁剪的选择性亦大幅缩水。结果，使视觉生产的作者将视觉信息的主导性让渡给了左顾右盼的观众，后者的自由度大为拓展，但同时又陷入新的"迷茫"。这突出地表现在两个方面。

其一，观看方向的迷失。即观众面对360度的自由空间不知道下一秒应该看什么方向。这里，空间的极大拓展与线性的时间逻辑形成矛盾

① 参见《细数那些震撼心灵的国产VR纪录片》，搜狐科技频道，http://www.sohu.com/a/109323960_325474。

而非匹配。观众一旦获得了空间窥视的自由度，受到视场角的限制，他们的目光就难以聚焦在同一个方向上；空间共识的瓦解使视觉信息在时间上难以串联起表意逻辑，剧情就难以向既定的方向延展。这一缺陷在“随意游走”的VR展示环境中表现得尚不明显，但在VR剧情片或VR新闻中却是致命的。目前，初步的解决方式是透过人物、醒目标志物、箭头、具有方向感的声音以及出镜记者的解说等，对观众予以“焦点”的引导；然而，这种方向性引领或暗示一旦形成，VR与传统视频的选择性“构图”就没有本质的区别了。

其二，观众身份的迷失。同传统银幕或电视屏幕相比，VR的场域沉浸性使它取消了与观众之间的安全距离，视觉信息对于VR观众来说不再是客体，而是与主体相融合的“在场”。这个变化导致受众身份认同与角色人物之间的紊乱。例如，用VR展现一个典型的求婚场面，带上VR眼镜后，观众看到面前一个帅气的小伙儿手捧钻戒、单膝跪地，深情地说“我爱你”；观众继而将视角向后扭转180°看到一个姑娘流着幸福的眼泪说“我愿意”。此刻，观众自身的“在场”就颇显尴尬，因其身份难以解释。当然，相比于影视剧，VR游戏就好得多；强交互所带来的参与感使后者可以将作用力（如：射击或体感动作）施放于所沉浸的虚拟空间之中并获得必要的反馈。这样，观众在虚拟环境中就不是一个“多余的旁观者”，而是被赋予了某种“天然的角色”。可见，交互是VR发展的一个必然方向。

在虚拟现实中，交互性感知的达成有多种方式。观众随自身兴趣随意转动颈部、选择观看方向，这本身就是人置身于自然并与自然相交融的存在方式。沉浸式全景为观众提供了“选择性观看”视角，奠定了VR构建天然交互性的视觉基础。在视觉之上，若进一步融合其他的感知渠道，即可拓展出丰富而逼真的虚拟互动应用前景。如虚拟的“高空踩钢丝”“墓穴寻宝”就很好地为观众营造出惊险、刺激的紧张感。而VR游戏在手柄的基础上，衍生出各种具备“触感”的游戏附件（模仿枪械、棒球棍等），进一步提升了沉浸体验的交互性实感。在专业消防领域，虚拟火警演习使消防训练的逼真性与费效比大为改善；类似的交互模式也正在博物馆、展览会、医疗培训、教育等场景中逐步探索。此外，身临其境的沉浸感有很大一部分来自于声效的逼真。传统影院所营造的“立体声”是假定观众面向银幕方向观望，继而单向输出左右声道信息的模拟立体声；而VR所面临的声效问题就复杂得多，全景观看模式导致银幕方向的不确定，观众的瞻前顾后、左顾右盼使得左右声道无法满足他们对方位感的判断，这时就必须搭建起一套具有交互能力的全景声场。即，可根据观众的朝向改变，实时调整声音方位（远近、强弱）的互动化声音程序，进一步提供身临其境的交互实感。

某种意义上讲，交互抵消着受众在方向及身份上的迷失，为影视业态向虚拟沉浸的方向上不断探索提供了新契机。但无论怎样发展，媒介的变革都只为信息提供渠道和场域，真正的用户黏性有赖于情感的共鸣、内容的交互，以及人机互动体验的自然吸引力。虚拟现实在影视中的产业化仍任重道远。

数字无限虚拟现实技术（VR）视野下的数字出版发展探究

周 敏 李一男
北京师范大学，100875，北京

科技与出版Science-Technology & Publication
2016年06期ISSN：1005-0590中文核心期刊

2015年7月14日开幕的第六届数字出版博览会所发布的《2014—2015中国数字出版产业年度报告》显示，中国数字出版业告别了连续多年增长率超过50%的爆发式发展，增长率首次回落到33%[①]。对于数字出版业而言，增长放缓是瓶颈期到来释放出的信号，整个产业迫切需要从内部进行一种技术突破并由此形成新的核心竞争力。结合当下来看，虚拟现实技术（Virtual Reality，下文简称VR）的强势表现就为这种内部突破充分提供了技术视角的可实现性。VR“受众主导”的核心理念对数字出版的自主技术理念颇具启发意义；其先期的实践经验、技术手段的日趋完善以及资本的大量投入，毫无疑问可以内化为数字出版业实现拓展的内部驱动力。值得注意的是，要实现技术领域的内在突破，进行简单的技术移植或套用是不可取的，深入VR的本质并内化其传播特性才是关键。与此同时VR自身的一些局限性也会反映在其运用于数字出版的进程中，成为扩大VR出版的注意事项。

① 李苑.数字出版 瓶颈在哪儿[N].光明日报，2015-07-16（9）.

一、VR融入数字出版业的必要性

1. 数字出版业遭遇瓶颈期

2009年被业界称为“数字出版元年”，亚马逊在国外掀起了电子阅读器的销售狂潮，并加速带动着数字化图书的销售，同年我国数字出版总值超越传统出版。在数字出版业的巨大商机之下，电子阅读被业界公认为2010年最具爆发力的产业之一。但随后抢滩的众厂商竞相推出的数字出版物，不仅品种单一，而且同质化严重。与此同时，预装内容的版权纠纷持续不断，终端阅读器价格居高不下，与普通消费者之间的距离正逐步拉大①，因此2015年度世界范围内数字出版业增速明显回落并非偶然。受众对于优质资源内容及其呈现形式的需求标准水涨船高，导致移动阅读终端千篇一律的用户体验模式遇冷。

2. VR实现数字出版的新维度

当下全球的数字出版业都在向一个共同的方向发展，即无线移动、按需定制和跨媒体出版②。对于数字出版业而言，发展的方向是明确的，即打造更为便捷的阅读模式与追求更为个性、舒适的用户体验。

数字出版业互动性平台构建基于图书内容，能够将图书所承载的知识信息呈现进行场景式的还原，通过视觉上的充分延展来实现多感官的调动，相比于相对封闭的阅读体验与相对孤立的多媒体手段运用而言，VR则要实现数字出版产品中知识信息的流动性与立体化重塑，在为使用者提供自主解读视角的同时，触发受众心理世界与思维意识的活动，进行双重性内容的构建。以“内容为王”的视角来看，当前出版领域的“优质IP争夺热”是知识信息过剩后读者市场提高消费标准的必然要求，基于此，VR的场景式传播效应与沉浸式传播效果提供了引导受众

① 祝兴平.我国数字出版跨越式发展的瓶颈与短板[J].中国出版，2011（4）：6-9.

② 何孟洁、孙志琳、孙佳迪.数字出版业成长性探析[J]. 北京印刷学院学报,2010,18（1）：6-10.

参与内容构建的渠道。沉浸式的场景将VR自身的介质属性淡化而更多地引导受众感官自然延伸，注重实时的用户体验和效果反馈，在受众与读者关于图书内容的博弈过程中部分让渡作者意志，使得用户本身融合为虚拟环境的构成部分，有机会主导内容呈现的时间顺序甚至是形式，满足读者对于图书知识信息内容的个性化需求，更为灵活地实践“受众中心”的内容构建理念。VR的运用将以技术的维度切入，吸引传统出版企业更多地寻求与数字出版企业进行合作，这将有利于诸多以数字出版技术发家立业的出版企业重新巩固主动权，并以此作为寻求优质IP资源共同开发的重要筹码。

二、VR助力数字出版的可实践性

1. 现代报业探索VR出版商业模式：以《纽约时报》为例

在2016年的世界期刊联盟伦敦大会上，《纽约时报》数字业务副主编Sam深入介绍了该报的虚拟现实探索实践。Sam表示《纽约时报》在努力让这个项目活下来，同时推出了第一个VR报道——《失散儿童》，目前《纽约时报》的VR应用程序下载量已经超过60万次。此外，VR已经为《纽约时报》带来了一笔额外的广告收入，一些广告商通过植入虚拟现实电影来显示其对VR传播效果的信心，VR作品和与之相关的应用程序已经成为广告商的全新分销渠道，且这一渠道同时也受到观众的青睐。《纽约时报》的VR计划现已成功吸引Mini-cooper、希尔顿等广告主①。除了《纽约时报》自身的品牌效应以外，受众市场对这一领域的期待与广告市场对这一领域的价值肯定是不可忽视的因素。而通过出版内容进行广告匹配进而构造全新的分销渠道则意味着VR出版的商业模式已完成初步探索。

① 晓雪.《纽约时报》的VR进程[EB/OL].[2016-05-27]. http://www.cbbr.com.cn/article/104272.html.

2. VR出版顺利融入教育实践：以凤凰传媒与“大开眼界”丛书为例

VR运用于教育出版行业起步较早，包括了职业教育、儿童教育等多个领域：在职业教育方面，江苏凤凰出版传媒集团下属的厦门凤凰创壹软件有限公司已经开发出涉及机械、电子等多门学科的VR教学平台并设置匹配性教材，高度的人机交互性使得学生能够自主选择学习重点，实现个性化的内容教学，为因材施教提供了实现的途径。在童书出版领域，2016年1月的北京图书订货会上，我国首部VR科普图书《大开眼界：恐龙世界大冒险丛书》与读者见面，这是北京少年儿童出版社与北京易视互动传媒科技有限公司进行战略合作的初步成果，是优质内容与VR的一次示范性融合，“大开眼界”丛书对于特定受众群体消费心理的把握以及对于产品自身的鲜明定位，得益于其对于VR传播特性客观准确地把握。

3. VR实现类型题材图书出版探索：以《凡·高地图》为例

2015年关于“凡·高”的纪念性图书蜂拥而上，其中电子工业社的《凡·高地图》多次位居当当文艺类图书首页推荐及新书热卖榜，表现最为抢眼。在《凡·高地图》的出版过程中，有两种新颖方式尤为引人瞩目：一是出版社编辑亲赴凡·高故乡荷兰与凡·高创作巅峰期的法国，用VR影像拍摄还原了《凡·高地图》书中的实景内容，并制作了迄今第一部反映凡·高一生轨迹的虚拟现实纪录片；二是工业电子社从图书中走出了一场“凡·高地图”同名展览，也是国内第一场虚拟现实艺术展。可以看到电子工业社在图书选题上给予VR以充分施展的空间，VR的运用不仅仅是宣传的噱头，更在于拥有与之匹配的触发性内容。地图本身最佳呈现效果所需要的画面代入感与VR的技术特点不谋而合，以地图为线索即以VR的场景呈现为线索，影像的生动性得以与图书内容的文艺性巧妙结合进而实现图书内容呈现的丰富性，这对于文艺类、工具类图书的数字出版颇具启发意义。

综合以上，VR出版需要最大程度上实现文本知识信息与VR场景呈现的内容性对接，在此基础之上：一、进行合理的广告匹配可以准确定位受众，构造传播效率更高的分销渠道，进而完善对商业盈利模式的探索；二、对数字出版市场中存在的刚性需求如教育出版领域，VR出版需要形成主导性的竞争优势，进而为其他出版领域的拓展奠定基础；三、在不同题材领域的图书类型运用，将促使VR场景触发呈现的切入视角进一步优化，追求场景触发、带入、回归文本的自然过渡，同时丰富VR出版的类型素材积累。

三、数字出版运用VR的难点与关键要素

1. 眩晕：VR运用于数字出版业的痛点和拐点

在数字出版业领域，目前的VR配套设备容易造成用户的身体不适，其中最主要的原因是眩晕感的引发。眩晕有三大主要原因：一是画面质量自身存在问题；二是模拟眩晕症；三是延迟眩晕症。延迟眩晕症则是由于VR硬件延迟造成时间上不同步所导致的，当转动视角或是移动的时候，画面的速度跟不上，在全视角的屏幕中，延迟是造成眩晕的重大原因[①]。克服眩晕已经成为VR真正进入图书出版市场的敲门砖，笔者认为，一方面必然要借助VR软硬件不断完善升级诸如VR一体机的研发推广，另一方面数字出版业应当在行业内部的竞争机制中推动眩晕程度控制标准的出台，通过建立行业协会进行社会公示，将眩晕的生成原因与缓解方式翔实说明，以解除图书消费者的使用顾虑。

2. 成本：VR运用于数字出版的压力与动力

通过VR，数字出版业得以将二维世界提升到三维世界，操作和交互方式将更为人性化，也更为复杂化，其中多出的维度可能意味着重构一个新的产业。传统视频给用户呈现二维影像，所有用户得到一致体验，但VR呈现则支持用户位置的自由变动与视角的随意切换，这对于

① 胡小强.虚拟现实技术基础与运用[M].北京：北京邮电大学出版社，2009：53.

数字出版相关视频的摄像摄影而言近乎是全新的命题，更意味着开发成本的上升。与此同时，高质量的VR出版产品在应用程序上给使用者带来了一定的操作门槛，受众一般需要购买配备的显示头盔与数据手套，进而带来消费成本的增加，基于此，对VR出版物所提供的内容，受众也必然更为挑剔。数字出版企业而普遍面临着技术运用于本领域之后进一步研发升级的压力，实现成本的控制要求行业本身需要就内容、人力、技术等采取务实性的资源整合。“大开眼界丛书”责任编辑李玉帼认为：VR图书需要出版社与合作的技术公司一起负担VR内容制作成本、硬件软件成本，这导致VR图书的成本计算方式与传统图书的成本计算方式完全不同。制作VR图书投入的财力、人力、精力，和常规图书不可同日而语，布局VR图书需要从出版社层面进行统筹①。此外，数字出版业自身要注重优化产业链的资本投入结构，在内容与技术层面的资金注入务必双管齐下，追求优质内容资源需要与追求高质量场景沉浸同步进行，在互相匹配中塑造VR出版的竞争优势。

3. 博弈：把握VR出版内容与受众主导的关系

对于数字出版业而言，VR技术带来的沉浸传播效果是建立在内容之上的，即按照内容进行结构组织或者情节组织，来推动读者深入体验以实现产品效果的最大化。VR出版产品强调由用户来进行主导，然而用户的关注点与产品内容的主线索并不具有高度的契合性。当身临其境的用户掌控内容发展得以实现之后，其个人意愿的发挥将在很大程度上与产品既有的内容信息形成冲突，对于设定的出版效果而言，用户体验将呈现不确定性，主题表达需要与读者的自由意志进行博弈，传统出版物读者根据作者和编辑的视角进行阅读这一线性逻辑被打破。对于数字出版业而言，这意味着VR的运用在本质上将对出版作品内容质量与主题的表达提出更高的标准，优质的内容需要具有持久的吸引力并与针对

① 李明远.VR+出版商业模式有待探索.[2016-05-12]. http://data.chinaxwcb.com/epaper2016/epaper/d6261/d7b/201605/67558.html.

性的用户引导相结合，通过VR场景呈现程度的合理调度给予受众有限的自由，其目的是为了让受众与作者来到更为平等的位置，在同一频道上实现更为有效的交流与互动。

4. 探索：VR出版产业基于服务的多元经营模式构建

数字出版业本身具有内容资源与传媒技术融合的属性，而当前在中国数字出版产业链中占有主导地位的，不是拥有内容资源与出版经验的传统出版社，而是一批IT 企业、电子商务业、通信企业或技术开发商等[①]。我国数字出版业主要是由出版商在经营，因此，以作者、出版社、消费者等为主体的服务较为缺乏，带来的增值效益也有限。目前数字出版业对于内容供应者还停留在自助服务层面，作者自己在出版平台营销，但获得的收入由出版平台与作者共享，这就不能保证作者创作的积极性，长此以往，会造成一锤子买卖的现象。[②]不能保证VR出版内容资源的稳定，更无法进行内容的优化与筛选，因此VR出版平台应根据内容供应方的需求提供个性化服务，服务费用与服务需求相挂钩，服务级别越高，服务内容也越丰富。对于出版商，数字出版业目前只是停留在平台管理上，出版商可以在平台上进行销售，销售的利润由出版社和出版企业共同分享，但风险主要由出版企业承担，这就容易造成市场尚不稳定的VR出版企业不敢轻易在新领域尝试产品开发。基于此，为了实现多元化的赢利，要确定合理的分配方式，同时注重VR出版内容版权的保护，相关的出版企业需要对出版社征收必要的费用。面向读者的服务主要是为了稳定市场占有率，对于读者而言接受“文本+虚拟场景带入”的模式需要有针对性的引导，运用VR的数字出版业需要对读者群体进行分类定位，提供定位鲜明的个性化服务。综合以上，VR在数字出版领域若想形成稳定的产业链并实现盈利，构建基于服务的多元经

① 陈丹.我国出版社数字出版发展策略及商业模式探析[J].出版发行研究，2009（11）.

② 苏晓军.美国数字出版业发展模式及对我国数字出版业发展的启示与对策研究[J].情报科学，2014（10）.

营模式无疑是紧迫而必要的通途。

参考文献

[1]李苑.数字出版 瓶颈在哪儿[N].光明日报，2015-07-16（9）.

[2]祝兴平.我国数字出版跨越式发展的瓶颈与短板[J].中国出版，2011（4）：6-9.

[3]何孟洁、孙志琳、孙佳迪.数字出版业成长性探析[J]. 北京印刷学院学报,2010,18（1）：6-10.

[4]晓雪.《纽约时报》的VR进程.[2016-05-27]. http://www.cbbr.com.cn/article/104272.html.

[5]胡小强.虚拟现实技术基础与运用[M].北京：北京邮电大学出版社，2009：53.

[6]李明远.VR+出版商业模式有待探索.[2016-05-12]. http://data.chinaxwcb.com/epaper2016/epaper/d6261/d7b/201605/67558.html.

[7] 陈丹.我国出版社数字出版发展策略及商业模式探析[J].出版发行研究，2009（11）.

[8] 苏晓军.美国数字出版业发展模式及对我国数字出版业发展的启示与对策研究[J].情报科学，2014（10）.

VR+健康：虚拟现实技术在健康领域的应用和前景

汤清扬　刘　茜
北京师范大学新闻传播学院人工智能与未来媒体实验室
教育传媒研究Journal of Education and Media Studies
2020年01期 ISSN：2096-1626

一、虚拟现实技术的应用现状

虚拟现实技术起源于20世纪60年代，是一种通过计算机技术和传感器技术生产三维环境，调动用户的各种感官来制造更加身临其境体验的技术，是一种崭新的人机交互方式。虚拟现实产品的市场化程度日渐加深、行业规模不断扩大、技术层面上也不断进步，但总体来说，它还处于初级发展阶段，仍存在一些问题，如：设备存在使用不方便、效果不佳等情况，对体验有不良影响；整体网速跟不上庞大的数据量；应用在军事、科研领域的较多，在教育、医疗、工业等领域的应用还有待加强。过快的商业化，缺乏足够的研究，让部分虚拟现实产品停留在概念炒作、透支行业发展阶段。国内资本市场投资热潮曾经涌动，但产品同质化严重。对此需要加强产学研合作，开辟虚拟现实技术的不同应用领域。①

① 刘华益、汪莉、单磊等:《虚拟现实产业发展白皮书 5.0》, 中国电子技术标准化研究院官方网站, http://www.cesi.cn/201612/1698.html, 2016年4月14日。

二、虚拟现实技术在健康领域的应用

将虚拟现实技术应用于医疗保健事业的研究已有一定成效，尤其是在疼痛分散、心理障碍评估和治疗、健康传播等领域，但国内研究与国外相比仍有较大差异。

（一）虚拟现实技术助力健康传播

Susan Persky等人研究了超重妇女对于虚拟医生接收有关体重的基因组信息的反应，在使用分布式互联网和VR设备时有什么不同。通过不同形式的虚拟医生向参与者传达基因和肥胖之间的关系、行为和肥胖之间的关系两方面的信息，主要考量了不同设备对参与者采取健康行动和在体重管理方面的自我效能的影响，以及在与提供遗传信息的化身临床医生的互动中产生的人际交互感受。结果显示，VR设备比互联网显著提高了健康行为和自我效能，但是其对于提高人际交往感和沟通满意度的作用并不是很大。之后的研究可以探索在通过VR设备和面对面交流之间遗失了什么。[①]

此外，虚拟现实技术模拟恐慌症和一些残疾的躯体感受，以引起与患者类似的情绪，产生移情效果可以增强正常人对患病者的同情心。[②]

（二）虚拟现实技术作为疼痛分散的手段

虚拟现实疼痛分散作为麻醉的替代品和外科手术的辅助手段，21世纪初较多研究成果都证明了非药物降低疼痛的效用，其中疼痛类型主要包括实验性疼痛、烧伤、手术中手术后疼痛。最近，Mosso Vasquez等人在前期研究的基础上，评估了44个需要脂肪瘤切除术的门诊患者手术中使用台式头戴式显示器和移动VR效果的不同，进一步测试了疼痛分散

① Persky, S., Kistler, W.D., Klein, W.M.P., & Ferrer, R.A.(2019).Internet Versus Virtual Reality Settings for Genomics Information Provision.Cyberpsychology, Behavior, and Social Networking, 22(1):7-14.

② Wiederhold, BK.(2019).Is Augmented Reality the Next Frontier in Behavioral Health?[J].Cyberpsychology, Behavior, and Social Networking, 22(2):101–102.

需要的最佳干预投入程度。[①]

除了疼痛以外，在非全麻醉的治疗、检查中，患者还可能因不良情绪、心理状态而产生精神创伤或治疗效果不佳。在《虚拟现实技术对胃镜检查患者心理状态的影响》中，胡宝英等人，通过检查中播放3D影片片段，减轻胃镜检查中患者焦虑和恐怖等不良心理状态，提高检查质量和患者体验。[②]

（三）虚拟现实技术对心理障碍的治疗

1. 虚拟现实技术治疗恐惧症

暴露疗法以往使用想象或播放影片、展示实物等手段，让患者直面恐惧的事物，以评估和治疗特定恐惧症等心理障碍。虚拟现实技术提供的沉浸式和真实的体验，在治疗特定恐惧症领域有广泛的尝试。Suso-Ribera等人通过检验三种不同的暴露疗法：在体、虚拟现实和增强现实对小动物恐惧症的疗效，证明了三种方法的治疗效果没有明显差异，虚拟现实和增强现实可以作为传统在体实验的替代品。[③]Tardifet等人对于基于虚拟现实的蜘蛛恐惧症的研究，进一步评估了增加了触觉和触觉刺激（实际上压死蜘蛛的感觉）的虚拟现实技术体验和传统虚拟现实带来的视觉体验在治疗效果上有无显著提升。参与者被随机分配到只呈现视觉刺激、视觉+触觉刺激或视觉、触觉+触觉反馈刺激三个分组中。虽然从数据上来看，触觉和触觉刺激并没有显著优势，但也为虚拟现实技

① Mosso Vázquez, JL, Mosso Lara, D, Mosso Lara, JL, Miller, I, Wiederhold, MD, Wiederhold, BK.(2019).Pain Distraction During Ambulatory Surgery:Virtual Reality and Mobile Devices.[J].Cyberpsychology, Behavior, and Social Networking, 22(1):15-21.

② 胡宝英、黄嘉宁、李锐强:《虚拟现实技术对胃镜检查患者心理状态的影响》,《中国内镜杂志》2018年第11期。

③ Suso-Ribera, C, Fernández-Álvarez, J, García-Palacios et al.(2019).Virtual Reality, Augmented Reality, and In Vivo Exposure Therapy:A Preliminary Comparison of Treatment Efficacy in Small Animal Phobia.[J].Cyberpsychology, Behavior, and Social Networking, 22(1):31-38.

术在暴露疗法上的使用方式提供了新的思考。[①]

2. 虚拟现实技术治疗焦虑症、贪食症和暴食症

除了恐惧症，虚拟现实技术暴露疗法在应对焦虑症和神经性贪食症和暴食症上也被证明有治疗效果。Felnhofer等人在社交焦虑症患者研究中，将参与者暴露在虚拟环境中，并要求参与者完成三个社交任务（从服务员处订购饮料；响应陌生人的要求；做出反应提供假饮料）。研究观察到的存在与焦虑之间的关联似乎主要基于社会存在的注意力成分、共存和相互关注都植根于与注意密切相关的认知过程。研究证明了虚拟暴露疗法的有效性，以及比起物理存在，社交存在可能是虚拟社交体验的更合适的指标。[②]

在治疗体重与饮食相关疾病时，早有研究证明虚拟现实技术暴露疗法的作用。Ferrer-Garcia等人将神经性贪食症和暴饮暴食障碍患者随机分配到另外两种治疗方法中的一种：基于VR线索的暴露疗法和附加认知行为疗法。在六个月随访后，两种疗法都使症状有所减少，而虚拟现实技术疗法总体上效果比传统行为认知疗法要来得更好。这个研究为虚拟现实技术作为更高效的治疗方法提供了有力的支持。[③]

3. 虚拟现实技术治疗焦虑症和自闭症

刘翠娟等人考虑到焦虑症和自闭症等精神疾病主要是由情绪失控引起的，在之前国内外治疗研究基础上，进一步提出构建情绪智能体的技

① Tardif,N,Therrien,C,& Bouchard,S.(2019).Re-Examining Psychological Mechanisms Underlying Virtual Reality-Based Exposure for Spider Phobia.[J].Cyberpsychology,Behavior,and Social Networking,22(1):39-45.

② Felnhofer,A,Hlavacs,H,Beutl,L,Kryspin-Exner,I,& Kothgassner,OD.(2019).Physical Presence,Social Presence,and Anxiety in Participants with Social Anxiety Disorder During Virtual Cue Exposure.[J].Cyberpsychology,Behavior,and Social Networking,22(1):46-50.

③ Ferrer-Garcia,M,Pla-Sanjuanelo,J,Dakanalis,A,et al.(2019).A Randomized Trial of Virtual Reality-Based Cue Exposure Second-Level Therapy and Cognitive Behavior Second-Level Therapy for Bulimia Nervosa and Binge-Eating Disorder:Outcome at Six-Month Follow-up.[J].Cyberpsychology,Behavior,and Social Networking,22(1):60-68.

术方案和技术路线，借助情感计算和情绪建模提升用户情感体验以达到治疗效果，为优化虚拟现实技术辅助治疗提供新的思考。①

虚拟环境能为这类患者提供一个更安全的环境，较之真实社会环境更少的社交互动，能够减少患者的焦虑来源。Mitchell等人利用虚拟环境对六个青少年自闭症患者进行社会理解教学，参与者先进入咖啡馆的虚拟环境并通过语音指导完成判断他们应该坐在哪里，并解释选择原因的任务，咖啡馆从空的到挤满人的分成五个等级。然后通过真实的咖啡馆和公共汽车环境的视频，让参与者判断在这种环境中要怎么做，来评估使用虚拟咖啡馆的经验是否能帮助患者在虚拟环境之外对社会状况作出判断。实验发现参与者在咖啡馆虚拟现实环境中学习后，回答视频中问题的水平有显著提高，这表明了虚拟现实技术在教育自闭症患者提高社会理解方面的潜能。②

上述研究使用暴露疗法治疗恐惧症、焦虑症等心理障碍且获得了显著效果，以及用增强现实技术以达到培养健康行为和更高效的健康传播的目的，杨勇涛等人认为最主要原因是虚拟现实技术诱发了与患者症状相关的情绪。关于这一点，他们探讨了消极和积极的虚拟环境对大学生的影响。通过情绪变化和生理激活水平证明了不同虚拟环境对情绪的诱发，且对于大学生来说，消极的虚拟环境比积极的更容易引起相应情绪变化。③

（四）虚拟现实技术助力老年人健康

人口结构老龄化成为很多发达国家悬而未决的问题。许多研究者开始将虚拟现实技术应用于老年群体，希望通过这种技术提高老年生活

---

① 刘翠娟、刘箴、刘婷婷等:《虚拟现实在焦虑症和自闭症治疗中的应用研究》,《系统仿真学报》2015年第10期。

② Mitchell P, Parsons S, Leonard A.(2007). Using Virtual Environments for Teaching Social Understanding to 6 Adolescents with Autistic Spectrum Disorders.[J]. Journal of Autism and Developmental Disorders, 37(3):589-600.

③ 杨勇涛、张忠秋、林玲：《积极和消极虚拟环境对大学生情绪的影响》,《中国运动医学杂志》2013年第8期。

水平。Gamito等人设计了与日常生活活动相关的虚拟现实训练，以训练不同认知领域的患者，对25名65岁到85岁的参与者在治疗前和治疗后进行评估，其间患者接受了12次干预。在两种评估中，神经心理学测量指标（视觉记忆、注意力和认知灵活性）都有显著提高。一组七项随机对照试验研究（RCT）测试了多种增强记忆力、执行推理和处理速度的技术。研究表明，随着技术的不断进步，基于虚拟现实技术的系列游戏在改善和提高患者认知功能有效性方面有着巨大的潜力，即使是针对不熟悉这类技术的老年人。①

三、虚拟现实技术在健康领域的应用前景探讨

（一）虚拟现实技术在专业医疗领域应用的局限性

现有的研究在虚拟现实技术应用于医疗领域有很大突破，但大多是试点实验，难以大规模投入使用。首先，虚拟现实设备的昂贵和虚拟现实内容制作的较高成本会限制它们在临床实践中的运用；其次，研究虽然证实了虚拟现实技术在医疗保健领域的有效性，可替代传统治疗方式，但难以得出虚拟现实技术一定很大程度优于传统治疗的结论；再次，现有大部分将虚拟现实技术与健康结合的研究是针对某一患病群体，应用在老年群体的研究则集中在对认知水平和借助虚拟现实技术复健方面。只针对某一特殊状况的研究，难以证明虚拟现实技术对现有医疗技术的替代性和使用的普遍性。

（二）虚拟现实技术干预老年人心理健康的前景

中国老龄科学研究中心在2018年5月15日在北京发布的《老龄蓝皮书：中国城乡老年人生活状况调查报告（2018年）》中，以第四次“中国城乡老年人生活状况抽样调查”数据为依托对当代中国老年人的基本生活状况进行了分析，虽然老年人健康状况整体改善，城乡老年人收入

① Gamito, P, Oliveira, J, Morais, D. et al.(2019). Cognitive Stimulation of Elderly Individuals with Instrumental Virtual Reality-Based Activities of Daily Life:Pre-Post Treatment Study.[J]. Cyberpsychology, Behavior, and Social Networking, 22(1):69–75.

获得平稳增长，但当下中国很多老年人精神孤独问题尤为突出，有的甚至患忧郁症、痴呆症。这是由老人独居且退休后交际圈越来越小等因素造成的。生活单一、与当下社会的脱节感等，都会导致老人产生抑郁、自卑、失落、无价值等消极心理感受。①

在针对中国老人主观幸福感的研究中，吴捷选取了天津市397名老人，使用与社会支持、幸福感、孤独情绪相关的问卷，最终结果证明老年人社会支持、孤独感与主观幸福感各维度间相关显著。此外个体在情感上获得的主观支持比客观援助更能提高主观幸福感。②

而王希华、周华发二人将关注点放在生活质量和孤独感以及主观幸福感之间的关系上，并讨论了城乡差异。通过问卷调查研究发现，城乡老年人的生活质量特别是孤独感和主观幸福感存在显著差异，分析其原因有文化、经济水平差异，以及城市中老人通过报刊、书籍等媒体与社会有更多的接触与沟通，从而能够获得更多积极情绪体验。③

美国传播学者Attewell根据接触程度，将数字鸿沟具体细化为接入阶段和使用阶段两个层面。第一层面的数字鸿沟主要指具体数字设备和数字技术的接入，第二层面的数字鸿沟是指数字技术的使用质量和效率上的"鸿沟"。④除了难以广泛接触网络、智能手机、电脑或者平板电脑等硬件，自我学习和感知能力的下降导致尝试新鲜事物的自信心不足也是接入鸿沟产生的重要原因之一。所以新兴的电子设备和技术需要年青一代带入老人的生活，并积极鼓励其尝试使用。这对缩小老人和当今社会的数字鸿沟，减少他们与社会的脱节感有重大意义。

---

① Grenade L, Boldy D.(2008). Social isolation and loneliness among older people:issues and future challenges in community and residential settings.[J]. Australian Health Review, 32(3):468.

② 吴捷：《老年人社会支持、孤独感与主观幸福感的关系》，《心理科学》2008年第4期。

③ 王希华、周华发：《老年人生活质量、孤独感与主观幸福感现状及相互关系》，《中国老年学杂志》2010年第5期。

④ Attewell P.(2001). Comment:The First and Second Digital Divides[J]. Sociology of Education, 74(3):252-259.

Wilmer等人的综述表明，智能手机等电子设备在一定程度上能够影响人类广泛的认知领域，并且适当使用能够改善其认知功能。[①]吕淑娇以老年人是否有兴趣爱好、是否会使用智能产品作为切入点，探索养老机构老年人有无兴趣爱好及智能产品的使用情况与其认知功能之间的相关性。研究结果表明，会使用智能产品的老年人与其总体认知功能及空间执行功能、注意、抽象思维、延迟回忆、定向力这五个领域的得分均有显著相关性。[②]

国内已有较多关于智能手机、平板电脑等智能电子产品对老年人认知功能和身心健康影响的研究以及在易用性层面的探讨。例如，杨亚坤针对老年人的电子产品的易用性研究基于老年人心理学、人机工程学和产品语义学对老年人的电子产品的易用性进行分析，并且探讨了为老年人量身定做的智能电子产品方案。[③]虚拟现实作为新兴的技术，尚未广泛进入老年人的生活。这种技术能否真正给予老年人好的使用体验、激发他们的积极情绪、促进他们的身心健康，尚未有足够多的研究可以给出答案。

在针对老年群体的心理干预领域，怀旧疗法已经得到国内外广泛的认可和证实。怀旧疗法是指通过对过去事件、情感及想法的回顾，诱发其觉察到自己对家人、对社会的重要性，从而激发空巢老人的有用感，增进自我价值信心，帮助个体增加幸福感、提高生活质量及对现有环境的适应能力。[④]而虚拟现实技术可以使人打破时空的限制，去更真切地回忆、体验过往的事；还可以使人突破生理上的限制，去感受无法到达

① Wilmer H H, Sherman L E, Chein J M.(2017). Smartphones and Cognition:A Review of Research Exploring the Links between Mobile Technology Habits and Cognitive Functioning[J]. Frontiers in Psychology, 8:605-.

② 吕淑娇、林璐、李惠玲等：《养老机构老年人有无兴趣爱好及智能产品的使用情况与其认知功能的相关性研究》，《中国实用护理杂志》2018年第6期。

③ 杨亚坤：《针对老年人的电子产品的易用性研究》，河北工业大学2007年硕士论文。

④ Cully J A, Lavoie D, Gfeller J D.(2001). Reminiscence, Personality, and Psychological Functioning in Older Adults[J]. The Gerontologist, 41(1):89-95.

的远方。这些特征可以让腿脚不便、身体不那么健壮的老年人突破束缚，足不出户去看到更大的世界，不留遗憾。我们认为将新的技术带到老年人身边，让他们体验当下社会最新鲜的内容，也可以产生与社会的联结感，从而减轻疏离和无价值等心理状态。

四、小结

VR产品的市场化程度加深，国内外资本市场投资一度快速增长，行业规模不断扩大，前途光明但相关科研跟不上实际应用的步伐，会导致一些乱象。在技术不断进步的同时，需要更多实证研究的引领。国外关于VR沉浸感、医疗作用等方面的实证研究比较丰富，但国内相关研究还较少，我们认为更多的实证研究有助于引起更多关注，以推动此领域的发展。

注释

1. 刘华益 、汪莉 、单磊等:《虚拟现实产业发展白皮书 5.0》,中国电子技术标准化研究院官方网站,http://www.cesi.cn/201612/1698.html,2016年4月14日。

2. Persky,S.,Kistler,W.D.,Klein,W.M.P.,& Ferrer,R.A.(2019).Internet Versus Virtual Reality Settings for Genomics Information Provision.Cyberpsychology,Behavior,and Social Networking,22(1):7-14.

3. Wiederhold,BK.(2019).Is Augmented Reality the Next Frontier in Behavioral Health?[J].Cyberpsychology,Behavior,and Social Networking,22(2):101–102.

4. Mosso Vázquez,JL,Mosso Lara,D,Mosso Lara,JL,Miller,I,Wiederhold,MD,Wiederhold,BK.(2019).Pain Distraction During Ambulatory Surgery:Virtual Reality and Mobile Devices.[J].Cyberpsychology,Behavior,and Social Networking,22(1):15-21.

5. 胡宝英、黄嘉宁、李锐强:《虚拟现实技术对胃镜检查患者心理状态的影响》,《中国内镜杂志》2018年第11期。

6. Suso-Ribera,C,Fernández-Álvarez,J,García-Palacios et al.(2019).Virtual Reality,Augmented Reality,and In Vivo Exposure Therapy:A Preliminary Comparison of Treatment Efficacy in Small Animal Phobia.[J].Cyberpsychology,Behavior,and Social Networking,22(1):31-38.

7. Tardif,N,Therrien,C,& Bouchard,S.(2019).Re-Examining Psychological Mechanisms Underlying Virtual Reality-Based Exposure for Spider Phobia.[J].Cyberpsychology,Behavior,and Social Networking,22(1):39-45.

8. Felnhofer,A,Hlavacs,H,Beutl,L,Kryspin-Exner,I,& Kothgassner,OD.(2019).

Physical Presence,Social Presence,and Anxiety in Participants with Social Anxiety Disorder During Virtual Cue Exposure.[J].Cyberpsychology,Behavior,and Social Networking,22(1):46-50.

9. Ferrer-Garcia,M,Pla-Sanjuanelo,J,Dakanalis,A,et al.(2019).A Randomized Trial of Virtual Reality-Based Cue Exposure Second-Level Therapy and Cognitive Behavior Second-Level Therapy for Bulimia Nervosa and Binge-Eating Disorder:Outcome at Six-Month Follow-up.[J].Cyberpsychology,Behavior,and Social Networking,22(1):60-68.

10. 刘翠娟、刘箴、刘婷婷等:《虚拟现实在焦虑症和自闭症治疗中的应用研究》,《系统仿真学报》2015年第10期。

11. Mitchell P, Parsons S, Leonard A.(2007). Using Virtual Environments for Teaching Social Understanding to 6 Adolescents with Autistic Spectrum Disorders.[J]. Journal of Autism and Developmental Disorders, 37(3):589-600.

12. 杨勇涛、张忠秋、林玲:《积极和消极虚拟环境对大学生情绪的影响》,《中国运动医学杂志》2013年第8期。

13. Gamito, P, Oliveira, J, Morais, D. et al.(2019). Cognitive Stimulation of Elderly Individuals with Instrumental Virtual Reality-Based Activities of Daily Life:Pre-Post Treatment Study.[J]. Cyberpsychology, Behavior, and Social Networking, 22(1):69–75.

14. Grenade L, Boldy D.(2008). Social isolation and loneliness among older people:issues and future challenges in community and residential settings.[J]. Australian Health Review, 32(3):468.

15. 吴捷:《老年人社会支持、孤独感与主观幸福感的关系》,《心理科学》2008年第4期。

16. 王希华、周华发:《老年人生活质量、孤独感与主观幸福感现状及相互关系》,《中国老年学杂志》2010年第5期。

17. Attewell P.(2001). Comment:The First and Second Digital Divides[J]. Sociology of Education, 74(3):252-259.

18. Wilmer H H, Sherman L E, Chein J M.(2017). Smartphones and Cognition:A Review of Research Exploring the Links between Mobile Technology Habits and Cognitive Functioning[J]. Frontiers in Psychology, 8:605-.

19. 吕淑娇、林璐、李惠玲等:《养老机构老年人有无兴趣爱好及智能产品的使用情况与其认知功能的相关性研究》,《中国实用护理杂志》2018年第6期。

20. 杨亚坤:《针对老年人的电子产品的易用性研究》,河北工业大学2007年硕士论文。

21. Cully J A, Lavoie D, Gfeller J D.(2001). Reminiscence, Personality, and Psychological Functioning in Older Adults[J]. The Gerontologist, 41(1):89-95.